Cómo realizar un proyecto de capacitación

Edición original:
Les Éditions d'Organisation

Título original:
Réaliser un project de formation

Traducción:
Cristina A. Sero de Bottinelli

Coordinación editorial:
Débora Feely

Diseño de tapa:
Estudio Manela

ABRAHAM PAIN

Cómo realizar un proyecto de capacitación

Un enfoque de la ingeniería
de la capacitación

GRANICA

BUENOS AIRES - MÉXICO - SANTIAGO - MONTEVIDEO

© 1989 *by* Les Éditions d'Organisation de la edición original en francés
© 1989, 1992, 1996, 1999, 2010 *by* Ediciones Granica S.A.

BUENOS AIRES   Ediciones Granica S.A.
Lavalle 1634 - 3° G
C1048AAN Buenos Aires, Argentina
Tel.: +5411-4374-1456
Fax: +5411-4373-0669
E-mail: granica.ar@granicaeditor.com

MÉXICO   Ediciones Granica México S.A. de C.V.
Cerrada 1° de Mayo 21
Col. Naucalpan Centro
53000 Naucalpan, México
Tel.: +5255-5360-1010
Fax: +5255-5360-1100
E-mail: granica.mx@granicaeditor.com

SANTIAGO   Ediciones Granica de Chile S.A.
Padre Alonso Ovalle 748
Santiago, Chile
E-mail: granica.cl@granicaeditor.com

MONTEVIDEO   Ediciones Granica S.A.
Scoseria 2639 Bis
11300 Montevideo, Uruguay
Tel: +5982-712-4857 / +5982-712-4858
E-mail: granica.uy@granicaeditor.com

www.granica.com

Esta edición se publica por acuerdo con el editor original,
Les Éditions d'Organisation

ISBN 978-950-641-578-5

Hecho el depósito que marca la ley 11.723

Impreso en Argentina. *Printed in Argentina*

Pain, Abraham
   Cómo realizar un proyecto de capacitación : un
enfoque de la ingeniería de la capacitación . - 1a ed. -
Buenos Aires : Granica, 2010.
   206 p. ; 22x15 cm.

   ISBN 978-950-641-578-5

   1. Capacitación Laboral. I. Título
CDD 331.259

ÍNDICE

PRÓLOGO

El oficio de la capacitación consiste, entre otras cosas, en la utilización de herramientas y procesos educativos en diferentes contextos organizacionales. Las herramientas educativas que se deben poner en juego son las que el contexto exige y permite. Es responsabilidad de la persona de capacitación reconocer el potencial educativo de la organización no específicamente educativa. Utilizar, como quería Dewey, el potencial educativo de la realidad.

Así como en muchos casos deberá generar estructuras que, como las escolares, creen contextos aislados para asegurar ciertos aprendizajes, su mayor desafío consistirá en comprender y utilizar con arreglo a sus fines educativos, estructuras, vínculos y recursos creados originariamente con otra finalidad explícita.

En su trayecto profesional, la persona de capacitación encontrará cada una de las paradojas de la organización. Lo que se enseña en un proceso de capacitacion es siempre paradojal. Se espera que se prepare a la gente para aquellas cosas que se puedan "poner en práctica" y "llevar a la acción facilmente", sin embargo el sólo hecho de que se genere un programa de formación indica que no hay disponibles conocimientos suficientes en la organización para una transmisión por vía informal. En última instancia, las organizaciones (como las personas) sólo enseñan aquello que, aunque presienten importante, no terminan de comprender. En consecuencia, es común que la formación no sólo deba transmitir contenidos sino que deba liderar o colaborar en una dinámica de generación de conocimientos que se inicia mucho antes de llegar a clase.

Se trata, por lo tanto, no sólo de entender qué tipo de posibilidades brinda cada organización, sino también de qué manera la peculiar cultura organizativa resignificará el mensaje educativo. Hay organizaciones donde "rápido" quiere decir "ahora", en otras significa "mañana", "ayer" o "finja que lo hace a prisa". La gente, al incorporarse a un puesto de trabajo aprende en muy poco tiempo las "reglas para interpretar mensajes" vigentes en la organización. Como los mensajes educativos no serán exceptuados, el verdadero mensaje del instructor no habrá aparecido hasta que lo que se discutió en la situación sea cotejado con la otra realidad, la del puesto de trabajo.

El hecho de que cada organización, cada circunstancia, cada tipo de pericias sea diferente, hace que el oficio de la capacitación laboral resulte a veces difícil de enseñar o de describir fuera de los marcos de la acción.

El profesional de capacitación desarrollando su tarea en una organización, rodeado de experiencias, conocimientos, saberes, habilidades, creencias y mitos organizacionales para él (o ella) desconocidos, pero con los que deberá operar, parece un explorador en una tierra extraña. Los conocimientos básicos de su profesión original, cualquiera sea ésta, le sirven como marco general, como el libro de geografía al explorador. Dicen: "en esta zona puede haber leones", pero no dicen "cuidado, detrás de aquel árbol!".

Esta tarea, la de disponer herramental en función de un contexto organizacional determinado, es el núcleo del oficio de la formación laboral y el tema de este libro. Desde esa perspectiva, pocas obras hacían tanta falta en castellano como ésta. No se trata de una obra **sobre** capacitación laboral, sino de una reflexión escrita **desde** la capacitación laboral, donde, "con ideas claras y distintas" se describe el muchas veces inasible proceso de reflexión en la acción que guía al profesional que está haciendo su trabajo. Pain no ha escrito un libro de geografía, ha escrito una guía para el viajero.

Ernesto Gore
Profesor de Capacitación Laboral
Facultad de Filosofía y Letras
Universidad de Buenos Aires

PREFACIO

1. Por qué interesarse en la ingeniería de la capacitación

En las empresas, la capacitación debe responder a las demandas que generan los acontecimientos cotidianos, y proveer medios para acompañar la implementación de proyectos de desarrollo tecnológico, comercial u organizacional. Estas demandas, cada vez más complejas, provienen tanto de directores generales como de responsables operativos. La pregunta implícita es: ¿qué aporta la capacitación a los proyectos y a los objetivos de la empresa?

El creciente interés por evaluar la capacitación no es ajena a tal pregunta. Una respuesta realista a las demandas puede ayudar a que la empresa reconozca a la capacitación como una función específica. Un enfoque racional facilitará la búsqueda de soluciones, ya que enriquece la idoneidad de los profesionales de la capacitación y permite completar la panoplia de recursos disponibles para enfrentar los desafíos planteados a la función capacitación.

Por otro lado, el peso del entorno sobre las condiciones de realización y los efectos de las actividades de capacitación generalmente se perciben cuando se presentan obstáculos (por ejemplo: "La supervisión no permite que los obreros dejen sus puestos para asistir a los cursos"; "los aprendizajes sólo son válidos como un buen recuerdo, pero no se aplican").

El doble imperativo que consiste por una parte en responder a las demandas de la empresa y, por otra, en tener en cuenta el peso del entorno, obligó a los capacitadores a trascender el campo de sus preocupaciones más allá del mero contenido de los cursos o de las metodologías más adecuadas a los adultos.

¿Qué problemática debe ayudar a resolver la capacitación? ¿Quiénes son los protagonistas involucrados en la capacitación y qué rol juegan? ¿En qué contexto se plantea el problema detectado?

Estas son preguntas que los consultores han comenzado a plantearse como cuestiones previas, necesarias para una adecuada comprensión de la demanda y la posterior definición del plan de acción. Del mismo modo, las investigaciones sobre recursos diferentes de las actividades en el aula y sobre las condiciones que permitan integrar los aprendizajes, resultan cada vez más pertinentes en orden a satisfacer la preocupación por la eficacia de la capacitación.

Considerar la capacitación como un *injerto* en la vida cotidiana de la empresa es una hipótesis de trabajo rica en posibilidades. Facilita el desarrollo de un pensamiento globalizador que conduce de la micropedagogía (acotada al problema del contenido y de los medios de aprendizaje de los participantes), a una macropedagogía que, sin abandonar los aspectos tradicionalmente tratados por la pedagogía, pone el acento en la inserción de la capacitación en el contexto de la demanda.

La formalización de las prácticas que intentan situar a la capacitación en su contexto – tanto en función de sus raíces como de sus frutos– conduce a un enfoque racional con el fin de conocer adecuadamente los orígenes y los protagonistas del problema por resolver. Estar en condiciones de actuar sobre el marco global es, en principio, un requisito necesario para que la acción pueda llevarse a cabo en las mejores condiciones y además, para que sus aportes sean aceptados en la empresa por los diferentes protagonistas.

En consecuencia, el rol del responsable de capacitación evoluciona hacia una posición de consultor interno de la empresa ante el personal operativo, que a su vez se transforma en verdadero cliente, en la medida en que comienza a disponer de presupuestos de capacitación bajo su responsabilidad llegando a veces a generarse una situación de competencia entre el servicio de capacitación interna y organismos externos. Un abordaje racional que no excluye la intuición resulta, pues, útil para formalizar perspectivas cada vez más complejas.

El concepto de ingeniería ha estado siempre asociado a la noción de industria. La creciente necesidad de servicios educativos tanto en la formación inicial como en la formación de adultos ha provocado, a partir de la década del 50, el rápido crecimiento del sistema escolar y de la formación permanente de adultos. Este fenómeno hizo necesario apelar a especialistas, economistas e ingenieros, para el tratamiento de operaciones complejas, generalmente vinculadas con la creación de instituciones o de la conducción de sistemas masivos. Por otro lado, la acción educativa atrajo el interés de los ingenieros, que aportaron su espíritu riguroso a la organización de dicha acción. La obra fundamental de F. Viallet: "L'ingenierie de la formation"[1] da testimonio de ello

2. Estructura del libro

Nuestro objetivo es modesto: se trata de proponer métodos y herramientas para que el proceso de ingeniería de la capacitación resulte operativo. La justificación de este abordaje − así como su historia e importancia− serán tratadas en una obra en preparación, cuyo título provisorio es *Ingeniería de la capacitación: ¿nueva moda?*

El contenido de este libro está organizado en dos partes. La primera, comprende dos capítulos. El primero, propone un desafío, situando al lector en relación con la ingeniería de la capacitación, sobre la base de un caso real que permite detectar − a partir de varias respuestas a una convocatoria de ofertas− la que resulte más adecuada para el proceso de ingeniería. La segunda, presenta brevemente el enfoque de la ingeniería, su aporte a los profesionales de la capacitación y una hipótesis acerca de las eventuales situaciones de aplicación.

[1] Les Editions d' Organisation, París, 1987.

La segunda parte retoma las cuatro etapas del enfoque en otros tantos capítulos: análisis de la demanda, elaboración del proyecto, implementación y evaluación. Cada capítulo presenta la misión de la etapa, sus objetivos, los productos, y los instrumentos utilizados, con el apoyo de tres tipos de fichas cuyo propósito es mostrar el proceso (ficha–situación), aportar sugerencias metodológicas (ficha–método) y herramienta para actuar (ficha–herramienta).

3. Agradecimientos

Si bien el autor se ha nutrido de la experiencia de numerosos colegas, es totalmente responsable del contenido de esta obra. La conducción del equipo Cultura y Profesión de la CEGOS,[2] a cargo de L. Crayssac, sus hábitos de intercambio y de trabajo colectivo sobre los proyectos en curso, facilitaron la reflexión sobre la noción misma de ingeniería de la capacitación y sobre las herramientas de trabajo. Dos acontecimientos públicos, los encuentros de otoño de 1985 y 1986, constituyeron momentos de fructíferos intercambios con los responsables de capacitación, relatados en los informes publicados; del mismo modo que la reflexión compartida con Henri Grenie en el marco del lanzamiento de un curso sobre este tema, realizado en 1987.

Agradezco a mis colegas y amigos, y a los participantes de las reuniones de otoño de 1987 y 1988 del curso sobre ingeniería de la capacitación, por las

2 CEGOS: Commission Générale d'Organisation Scientifique.

informaciones, correcciones y sugerencias que me hicieron para mejorar el fondo y la forma de este libro durante las diferentes etapas de su redacción.

4. Invitación al lector

Hemos excluido toda pretensión de exhaustividad en la descripción de las herramientas, en beneficio de un diálogo entre colegas, con la convicción de que la mejor herramienta es la que uno adapta a sus necesidades.

Este libro aspira a generar un momento de reflexión global − e incluso acumulativo− ya que sólo a través del enriquecimiento de las herramientas y de los intercambios, el proceso de ingeniería de la capacitación podrá consolidarse como instrumento de acción. Si ustedes desean participar en este proceso, no duden en hacernos conocer sus experiencias e ideas; por nuestra parte, nos comprometemos a responderles.

PRIMERA PARTE

¿QUÉ ES LA INGENIERÍA DE LA CAPACITACIÓN?

PUESTA EN SITUACIÓN

Confrontar la propia experiencia profesional con un caso real permite detectar los aportes y las restricciones de una perspectiva formalizada que, de todos modos, no excluye ni la perspectiva ni la experiencia.

1.1. Desafío al lector: Sitúese en relación con la ingeniería de la capacitación

Tiempo atrás, en algunas novelas policiales, unas diez páginas antes de finalizar el libro, había un capítulo cuyo título era: "Desafío al lector". Eso significaba que el autor juzgaba que la información ofrecida en los capítulos precedentes era suficiente y, por lo tanto, desafiaba al lector para que resolviera el caso.

Nosotros hacemos a la inversa: les proponemos un desafío antes de entrar en el meollo del tema. El motivo de nuestro desafío es simple: nos parece que para tratar la ingeniería de la capacitación —tema que comienza a emerger en la reflexión de los capacitadores y de los consultores, pero que no ha encontrado aún una descripción adecuada— es más práctico actuar primero y reflexionar después. Por eso decidimos arrancar con una puesta en situación.

El interés del caso que les presentamos es triple. En primer lugar, es un caso real, al cual hemos tenido acceso a través de las propuestas de diversas consultoras, que reproducimos textualmente. Además, no es un caso demasiado complejo, y se sitúa en un momento de inflexión de la política y de la estrategia de la empresa. Y, finalmente, la variedad de respuesta de las consultoras permite mostrar las ventajas y los costos de un enfoque racional aplicado a la elaboración de las operaciones de capacitación de cualquier envergadura, concepción que consideramos propia de la ingeniería de la capacitación.

Les proponemos un ejercicio de simulación que, eventualmente, puede enriquecerse con la utilización del *role-playing*, en el que podrán participar sus colegas.

1.2. El caso Rougier[1]

He aquí el enfoque que les proponemos:

1.2.1. Tomen conocimiento de los documentos:

- Problema planteado :   documento 1
- Presentación de la empresa :   documento 2
- Condiciones de contratación :   documento 3

---

[1] Elaborado por F. Vincent en la CEGOS – Cultura y Profesión.

Documento 1

EL CASO ROUGIER

Problema planteado

En 1979, Pierre Bordier, director comercial, había solicitado al servicio de capacitación la organización de una actividad sobre "conducción de reuniones" para la fuerza de venta. Estaba interesado en mejorar la eficacia de las reuniones destinadas a los concesionarios que debían coordinar —varias veces por año— los agentes regionales. El servicio de capacitación convocó a un capacitador independiente, sicólogo social, quien diseñó y coordinó una serie de seminarios para los agentes regionales y los jefes de región.

En 1980, una vez realizado el balance de los seminarios de "conducción de reuniones", Pierre Bordier y Pierre Maréchal (jefe de ventas y responsable de capacitación para la dirección comercial) dirigen una nueva demanda al servicio de capacitación. Habiendo comprobado las dificultades de comunicación entre la red y la sede central, así como la dificultad de su red para seguir la evolución de la mentalidad de los concesionarios, estiman necesaria una nueva acción de capacitación.

Jean–Paul Sévère, responsable del servicio de capacitación y su adjunto, Jacques Planche, elaboran las condiciones de contratación para un programa de capacitación: Comunicación, Expresión, Negociación. Tales condiciones se negocian con la dirección comercial (P. Bordier y P. Maréchal), el secretario general de Rougier (M. Brun) y el servicio de capacitación y son enviadas a diez organismos de capacitación propuestos por Jean-Paul Sévère, Jacques Planche y Pierre Maréchal.

Tres organismos responden a la convocatoria.

A continuación se incluyen las condiciones de contratación del programa "Comunicación, Expresión, Negociación" y, en los documentos 4, 5 y 6 las propuestas de tres organismos. Se acuerda que la elección definitiva se hará por unanimidad de los decisores.

Documento 2

EL CASO ROUGIER

La empresa

Rougier es una empresa distribuidora de productos de ferretería–"bricolage", vinculada con un grupo internacional. La firma, creada después de la guerra, experimentó una rápida expansión sobre la base del mercado de la ferretería especializada, en pleno desarrollo hasta los años 70.

En una primera etapa (1948-1960) Rougier era una empresa de tipo familiar. El dinanismo de su red comercial se debía, en gran medida, a Pierre Bordier, que había ingresado en la sociedad a los dieciocho años. Emprendedor, imaginativo, autoritario.

Pierre Bordier, rodeado de colaboradores tan dinámicos como él, desarrolló una fuerza de venta reclutada fundamentalmente a su imagen y semejanza: jóvenes representantes, conscientes de cons-.

truir una empresa, arriesgados, y que no dudaban en destinar lo más importante de su tiempo y de sus energías a la aventura Rougier.

Los representantes Rougier tenían como misión vender, en las mejores condiciones, los productos de la firma a los distintos comercios que atendían a los consumidores finales.

Es así como la red pasó de quince a quinientos puntos de venta en quince años.

En los años 60 se inició una segunda fase de desarrollo con una red de concesionarios. Rougier puso a punto, con el mismo equipo comercial, un contrato de concesión que obtuvo un resonante éxito en toda Francia. Este contrato obligaba a los concesionarios a respetar la exclusividad con Rougier, pero les proveía —además de los productos y la marca— todo el apoyo técnico y comercial de la red.

Poco a poco, los servicios internos de Rougier se desarrollaron hasta llegar, en los años 70, a una empresa de trescientas personas, cuya estructura —a grandes rasgos— era la siguiente:

GRUPO VUILLIEZ

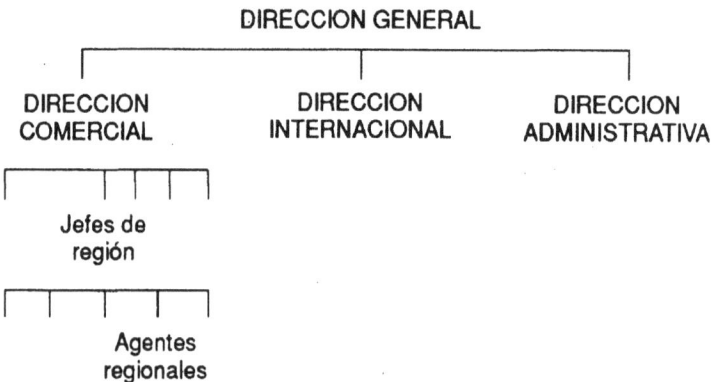

DIRECCION GENERAL

DIRECCION COMERCIAL

DIRECCION INTERNACIONAL

DIRECCION ADMINISTRATIVA

Jefes de región

Agentes regionales

En 1970, el número de comercios concesionarios llegaba a mil para un total de mil cuatrocientos puntos de venta.

La mutación de la empresa, en términos de distribución, se había cumplido y Rougier se había convertido en una de las más importantes sociedades en funcionamiento en materia de concesionarios.

Al comienzo, Rougier buscó diversificarse; se lanzaron nuevos productos, en especial el papel encuadernación y soportes para adornos (esmaltes, rafia...). Se había creado especialmente un departamento en la sede central para imaginar, hacer producir y dar a conocer a la red de ventas estos nuevos productos, muy sensibles a la moda y, por lo tanto, muy fluctuantes.

Para esta misma época, Rougier dividió a Francia en regiones, cada una bajo la responsabilidad de un jefe. Este dependía de la dirección comercial y tenía autoridad sobre cuatro a diez agentes regionales (los antiguos representantes) quienes a su vez eran responsables de diez a treinta concesionarios.

Bajo la responsabilidad jerárquica de Pierre Bordier y de su equipo, se desarrollaron departamentos de apoyo a la fuerza de venta. Cada región tuvo así un corresponsal en la sede central cuyo rol era garantizar la administración y la logística necesarias para el desarrollo de las ventas en las redes regionales. Actualmente, el corresponsal interviene a pedido de los agentes regionales para brindar información, agilizar un expediente, encontrar una solución a un problema de algún concesionario. Pero también interviene a pedido de los concesionarios que se dirigen directamente a él, telefónicamente o por correo, cuando lo consideran necesario.

Durante estos últimos años los concesionarios de otrora han evolucionado; en su gran mayoría se trata de mujeres, pero su nivel de formación es claramente más elevado, menores sus necesidades de asesoramiento y más importantes sus deseos de autonomía. Cada vez con mayor frecuencia se evidencian fricciones entre agentes y concesionarios, las que en su mayoría se solucionan amigablemente, pero a veces a costa de la sede central: la imagen de la empresa puede resultar deteriorada.

Las relaciones entre la red (jefes de región y agentes regionales) y los departamentos de la sede central también tienden a deteriorarse: existen dificultades en comprender el punto de vista del otro.

Además, ahora Rougier debe hacer frente a dos dificultades. Por un lado, el mercado de ferretería especializada está estancado, y los estudios de marketing indican la necesidad de un esfuerzo de promoción para reflotarlo. Por otro lado, se comprueba una competencia cada vez más fuerte en el mercado de concesionarios. Diferentes marcas (Yves Rocher, Descamps, Phildar, por mencionar sólo las más conocidas) compiten para obtener concesionarios, no dudando en desvincular a los más dinámicos.

El organigrama de la sociedad se presenta en el cuadro 1.1.

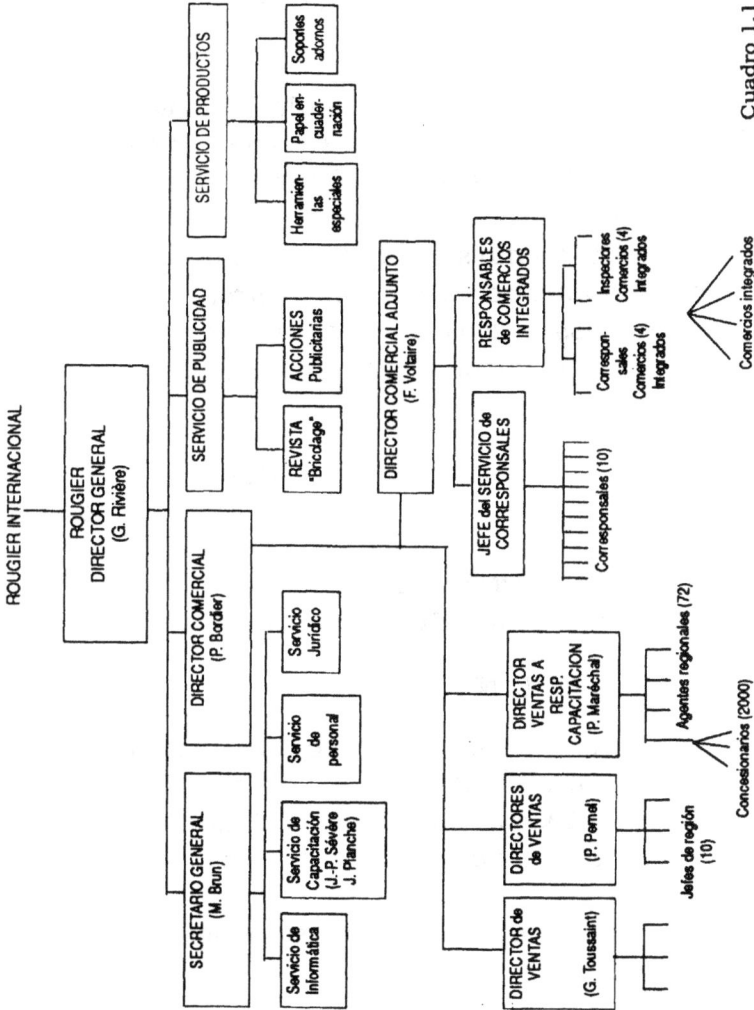

Cuadro 1.1

Documento 3

ROUGIER

París, 6 de noviembre de 1980

Señores:

De acuerdo con lo conversado telefónicamente, tenemos el agrado de adjuntarles nuestras condiciones de contratación para una futura acción de capacitación en técnicas de negociación.

Este documento servirá de base para la reflexión con vistas a nuestro próximo encuentro.

Quedamos a disposición de ustedes para toda información complementaria y nos complace saludarlos muy atentamente.

Jean–Paul Sévère
Servicio de Capacitación

CONDICIONES DE CONTRATACION
Comunicación - Expresión- Negociación

1. El objetivo "C. E. N."

Que cada uno de los grupos destinatarios sea capaz de aplicar eficazmente, para la negociación, la estrategia de 4 x 4 x 4, a corto y mediano plazo.

— Es decir, dar a los cuatro grupos de interlocutores presentes:

- La fuerza de venta (agentes regionales, jefes de región)
- Los corresponsales
- Los apoyos comerciales y productos de la sede Francia

- "Bricolage" y la publicidad
  Los medios para mejorar su productividad y la de los concesionarios
  − Para ello:
- Informar acabadamente a los cuatro interlocutores sobre esta política y sus respectivos roles en la aplicación.
- Entrenarlos concretamente en el perfeccionamiento de la comunicación y la expresión, a fin de mejorar las negociaciones: Agente regional/Concesionario, agente regional/Sede, Sede/Concesionario.

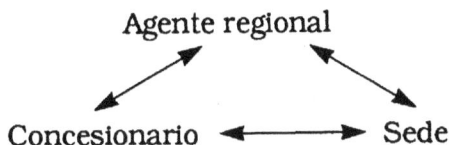

Agente regional

Concesionario ←——→ Sede

Todo ello gracias a los cuatro medios disponibles (reunión, teléfono, correo, visita) y atendiendo a los cuatro niveles de clientes.

Para alcanzar este objetivo, no bastará con una acción de capacitación/información puntual; de ahora en más, y durante los próximos años, será necesario prever para todos los participantes, modalidades de seguimiento de esta acción de capacitación en técnicas de negociación, a cargo de las jefaturas involucradas.

2. Los diferentes destinatarios

A fin de que este programa alcance plenamente su objetivo, es conveniente que participen las cuatro instancias involucradas, es decir:

— *Fuerza de venta*

5	personas de la dirección comercial
10	jefes de región
72	agentes regionales
2	responsables de comercios integrados
4	inspectores de comercios integrados

total   93 personas

— *Corresponsales*

10	personas
4	corresponsales comercios integrados

total   14 personas

— *Apoyos sede central*

5	personas del departamento "Publicidad"
3	personas del departamento "Herramientas especializadas"
3	personas del departamento "Papel encuadernación"
4	personas del departamento "Soportes para adornos"
4	personas del departamento " jurídico"
6	personas de diferentes servicios

total   25 personas

O sea, un total general de 132 personas.

Los grupos se conformarán a partir de una región y de su jefatura, más algunas personas de la

sede central. La proporción deseable es de dos ter-
.cios para fuerza de venta y un tercio para la sede
central.

Los grupos tendrán como máximo doce participantes; por lo tanto, se conformarán once grupos.

3. El programa "Comunicación-Expresión-Negociación"

A. Preparación

Teniendo en cuenta que este programa es sólo
un medio para alcanzar los objetivos establecidos en
la estrategia, estimamos que la fase de información
no debe subordinarse al cronograma de desarrollo,
sino que tiene que realizarse en forma simultánea
para todos, al inicio de la operación.

- *Fase de preparación y de información a
  los futuros participantes*

Se envió a cada participante, después de las actividades experimentales, el programa, el cronograma, la lista de participantes, la composición de los
grupos, la políticas y el contexto (por qué este programa, por qué usted, etcétera).

- *La política*

Comunicación cuasi íntegra del informe de la
Asamblea General de Solutre, en el que se definen
los diferentes roles y se desarrollan
  - los objetivos generales "A. G. Solutre"
  - la estrategia 4 x 4 x 4
  - los roles de las diferentes instancias (agentes
    regionales, jefes de región, corresponsales) en
    esta estrategia.

La difusión de esta información deberá realizarse en cascada a través de las jefaturas, a fin de comprometerlas en un diálogo sobre esta política.

B. Contenido
• *Objetivos*

Revisión de los objetivos (contextuarlos en función de la demanda de los agentes regionales) y de la justificación del programa, de acuerdo con las jefaturas presentes (fuerza de venta, sede).

• *Cuatro medios*

REUNION

No está contemplada en el objetivo "C. E. N.". Los jóvenes agentes regionales participarán del programa Conducción de reuniones de 1981.

Si fuera necesario, proponemos un reentrenamiento regular para los demás agentes regionales a cargo de los jefes de región en las sesiones regionales con el apoyo y el material del servicio de capacitación.

TELÉFONO

Entrenamiento personal para negociar telefónicamente.

Para ello:

— ejercitarse en la identificación de las dificultades específicas de este tipo de comunicación (situaciones grabadas, análisis crítico de presentaciones audiovisuales...)

— adaptación, a través de la preparación de llamados (aprendizaje de técnicas)

— informarse acerca de la evolución del material

(telecopiador, télex, fax, contestador automático, etcétera)

CIRCULAR–CORREO

Con respecto a los temas específicos de Rougier, proponer a los participantes:

— responder a un texto dado

— escribir una argumentación convincente y debatirla

— entrenarse en la expresión escrita, buscando concisión, claridad del mensaje (estilo telegráfico, ilustración, diagramación, etcétera...)

— aprender a reutilizar los soportes de información escrita ya existentes ("Bricolage", circular de la sede, etcétera)

Las metas son:

• descubrir el impacto del mensaje sobre los otros y las posibles interpretaciones (*quid pro quo*, ambigüedades, tono, contexto),

• entrenarse en la negociación por escrito

VISITAS

— Explotar la utilización de un soporte audiovisual (por elaborar) tratando de destacar:

• la necesidad de escuchar para ser eficaz,

• la dificultad de esta actitud (fase de sensibilización),

— entrenar a los participantes en técnicas de reuniones y de negociación: preparación, desarrollo y crítica de secuencias cuyas temáticas surgirán del trabajo cotidiano del agente regional (prospección, promoción, formación de la clientela...)

— aprovechar estas secuencias para que surjan

los siguientes puntos: la escucha, la preparación, la batería de argumentos (cuantificados), la agresividad, el entusiasmo...

¿QUÉ MEDIOS SELECCIONAR? (síntesis parcial)
— revisar el cuestionario del curso y aplicarlo a nuevos agentes regionales, integrando los diferentes niveles de clientes y adaptándolo — eventualmente— de acuerdo con las peculiaridades del grupo
— debate sobre los citerios de eficacia:
• rapidez
• costo
• discreción
• secuelas,
integrando su propia personalidad, la de los interlocutores y los elementos externos.

Conclusión
Síntesis global y anuncio del seguimiento situado en la estrategia del mediano plazo, teniendo en cuenta que el programa es un medio, un punto de partida y no un fin en sí mismo.

4. Seguimiento del programa
"Comunicación-expresión-negociación"

Animación a cargo de los jefes de región (y eventualmente del servicio de capacitación) de sesiones regionales con la modalidad de minireuniones (media jornada o una jornada) sobre las mismas temáticas, pero con situaciones renovadas, concebidas paralelamente con el conjunto del programa.
Simultáneamente, puesta en marcha de las he-

rramientas anunciadas en la política: nuevas relaciones con los trabajadores, fichas de la clientela, reentrenamiento en conducción de reuniones.

Prevemos uno o dos cursos experimentales en abril de 1981; los reajustes se realizarían en mayo para iniciar la acción de capacitación hacia fines de mayo o comienzos de junio de 1981.

1.2.2. Defina los criterios según los cuales usted analizará las tres propuestas recibidas en respuesta a la convocatoria de ofertas (por ejemplo: respeto por las características de la empresa; grado de innovación de las propuestas; costo; plazo para la puesta en marcha de la acción, etcétera). Limítese a explicar seis criterios.

Si trabaja en equipo, es interesante incluir una etapa de negociación entre los diferentes participantes y, a partir de sus criterios personales, llegar a una lista común. En este caso, conviene elaborar nueve criterios por persona.

1.2.3. Evalúe cada una de las propuestas de acuerdo con los seis criterios explicitados y utilice una escala de 5 a 0, en la cual: 5 = muy conveniente; 4 = bastante conveniente; 3 = moderada; 2 = relativamente conveniente; 1 = no conveniente; 0 = incertidumbre.

Las propuestas para analizar son tres:
— Propuesta "Forma" : documento 4
— Propuesta "Venta +": documento 5
— Propuesta "Ingeniería de capacitación": documento 6

Cada una de las propuesta obtendrá, por lo tanto, una calificación entre cero y treinta, lo cual permitirá clasificarlos con respecto a los seis criterios seleccionados.

Documento 4

FORMA

Ref.: 23980
8 de diciembre de 1980

Señores:

Nos ha sido particularmente grato el encuentro mantenido con ustedes, el martes 18 de noviembre de 1980. Durante la reunión de trabajo, hemos tratado el proyecto de capacitación para 1981/82.

Hemos recibido de ustedes una propuesta para implementar con FORMA un programa:

"Comunicación - expresión - negociación"
de acuerdo con las especificaciones que nos remitieron.

Objetivos:

Mejorar la productividad de la fuerza de venta y la de los concesionarios, a través de un manejo más adecuado de los medios de comunicación.

Se seleccionaron cuatro temas:
— la reunión (programa realizado en 1980 y repetido en 1981)
— el teléfono
— la comunicación escrita

— la visita a la clientela

A través de estos cuatro medios, la meta por alcanzar es mejorar la triple relación: Agente regional/ Concesionario/ Sede central.

Métodos

Para cada uno de los temas abordados, los trabajos se desarrollarán en tres fases:

1 - Sensibilización

A partir de un soporte audiovisual, película, diapositivas... (existentes o por elaborar) se presentan las técnicas y los métodos actualmente en uso. Se procede a un estudio crítico del material presentado, en pequeños grupos.

2 - Reflexión

Se trata de mejorar grupalmente el *saber hacer* de cada uno de los participantes y, en especial, de analizar críticamente los comportamientos.

3 - Entrenamiento sobre casos concretos

Se enfrenta a los participantes con situaciones de la vida cotidiana del agente regional, a fin de responder a los problemas particulares de cada uno de ellos.

Se realizarán breves exposiciones didácticas que permitan la conceptualización de un trabajo esencialmente práctico.

Distribución del tiempo

Para cada actividad se prevé una duración total de cuatro días y medio:

- un día y medio dedicado a practicar con el teléfono
- un día, a la comunicación escrita
- y los dos últimos días, a las visitas a clientes

Preparación

Por su misma naturaleza, el programa intra-empresa se elabora en estrecha colaboración con sus integrantes. Por lo tanto, las indicaciones que mencionamos no revisten, en ningún caso, carácter inamovible y, de hecho, serán revisadas durante la jornada de síntesis.

A fin de adaptar ajustadamente la capacitación a las peculiaridades de la firma *Rougier*, es indispensable encarar una minuciosa preparación. El conjunto de la operación se desarrollará de la siguiente manera:

Acción	Objetivo	Tiempos	Fechas/lugar
Análisis dirección	1. diseñar el actual cuadro de situación 2. definir con exactitud las necesidades del equipo de venta 3. ajustar la capacitación a las peculiaridades de Rougier	1 día	Fechas a determinar
Análisis en el terreno	1. evaluar a los agentes regionales	2 a 4 días	Fechas a determinar

	2. detectar, tal vez, nuevas necesidades 3. poner en situación al animador		
Síntesis de dirección	1. confrontar los dos abordajes 2. elaborar el programa de actividades		Fechas a determinar
Elaboración de las actividades	1. puesta a punto del contenido 2. elaboración de los casos 3. elaboración de los soportes pedagógicos	3 días	En nuestras oficinas
Actividades	1. inducir a los agentes regionales a cuestionar la organización 2. brindarles los medios y los métodos necesarios 3. verificar, a través de métodos activos, la correcta aplicación 4. elaborar el cronograma de perfeccionamiento	4 1/2 días x 11	Entre abril '81 y abril '82

Las condiciones presupuestarias de nuestra intervención son las siguientes:

por jornada de análisis: 3.400 francos TTC*

por jornada de actividad: 3.900 francos TTC*

Obviamente estamos interesados en recibir las correcciones que estimen necesarias y en colaborar con sus esfuerzos de perfeccionamiento. Saludamos a ustedes muy atentamente.

Documento 5

VENTA

Rougier
75 París

Señores:

Les presentamos el programa para cuatro días propuesto por "Venta +", su relación con las temáticas de *negociación* y *reuniones.*

Por otro lado, les sugerimos encarar un proyecto específico para la formación de formadores, de dos días, a fin de garantizar la multiplicación de este programa, en caso de que Rougier así lo deseara.

Además, "Venta +" está en condiciones de hacerse cargo directamente del desarrollo del programa en su totalidad.

Finalmente, "Venta +" desea asegurar el seguimiento del programa, a través de una reunión de una jornada al cabo de seis meses, por ejemplo, a fin

* TTC: Toutes tauxes comprises (Incluidos todos los impuestos).

de efectuar un control y un entrenamiento continuos, sin los cuales este tipo de capacitación está —en nuestra opinión— condenado al fracaso.

Si es aceptada nuestra propuesta, el señor Dupied, en nombre de "Venta +", se hará cargo del correcto desarrollo del programa, asistido en cada seminario, por un coordinador elegido entre tres miembros del equipo.

Quedamos a su entera disposición para ampliar precisiones relativas al programa y, entretanto, nos complace saludarlos muy atentamente.

Negociación y reuniones		
	Mañana	Tarde
D	— Definir la situación de negociación • Sus principales elementos • Ilustración con situaciones vividas • Sus limitaciones. — Algunos principios inherentes a toda situación de negociación	— Juego de negociación Ejercicio con grabador — Análisis crítico del juego — ¿Cómo es una negociación exitosa? — Medios de evaluación adaptados a los diferentes tipos de negociaciones.
D	—Actitudes y comportamientos en una negociación Entrenamiento en: • aspectos fisiológicos y físicos • aspectos sicológicos.	Actitudes y comportamientos en una negociación Determinación: — de las cualidades necesarias para una correcta marcha de toda negociación — entrenamiento en la toma de distancia y en creatividad

D	— Una de las aplicaciones de la negociación: la reunión Reunión "dos a dos" y juego de roles: Ejercicios con grabador.	Una vez evaluadas las actividades de la mañana, aplicación de los principios esenciales vinculados con la reunión, en función de diferentes participantes. Ejercicios con grabador.
D	— Puesta en práctica de todos los principios expuestos y de las sugerencias presentadas, aplicados en un caso inspirado en situaciones cotidianas Rougier, vividas por los participantes.	— Reflexión sobre los principales parámetros de toda negociación y de toda reunión: • cierto tipo de escucha • definición y obtención de los objetivos específicos • noción de regla de juego • noción de umbral y de límite. — Síntesis de seminario.

Documento 6

INGENIERIA DE LA CAPACITACION

París, 10 de diciembre de 1981
Rougier,
75 París

Atención: señores Sévère
Planche
Bordier

Señores:
Nos es grato comunicarles el interés que ha des-

pertado en nuestro equipo el proyecto de capacitación que ustedes expusieron en nuestro encuentro del 2 de diciembre.

La propuesta que adjuntamos es una primera formulación de nuestras ideas. Obviamente, estamos en condiciones de revisarlas en función de las inquietudes que ustedes nos manifiesten. Por otro lado, tenemos algunos interrogantes que podríamos tratar con ustedes, en caso de que nuestra propuesta fuese aprobada; por ejemplo: la diferencia de peso de la información recibida relativa a los agentes regionales, los corresponsales, las personas de la sede central, con respecto a sus necesidades de capacitación, ¿responde a un proyecto intencionalmente centrado en los agentes regionales, o simplemente es fruto de un conocimiento más acabado de la demanda de estos últimos?

Para elaborar el proyecto hemos adoptado ciertos criterios:

— en esta etapa de reflexión, preferimos retener el máximo de ideas, sin censura ni jerarquización, dado que no disponemos aún de pautas que nos permitan realizar elecciones fundamentadas;

— en lugar de plantear el problema desde el ángulo de "los comerciantes y la negociación" o el de la "sicosociología de la comunicación", preferimos abordarlo desde la perspectiva de la *evolución de las tareas presentes* (agentes regionales-sede central-corresponsales-concesionarios) y de los medios necesarios para la dirección de esta evolución (adquisición de métodos, apertura a la cultura profesional necesaria para una correcta percepción de su nuevo rol).

La siguiente propuesta se articula alrededor de tres ejes:
I. Los principios de la capacitación-acción propuesta
II. El sistema de capacitación
III. Fichas analíticas por elemento.

I. Los principios de la capacitación-acción propuesta

- Lograr que la capacitación no se reduzca a una actividad puntual, sino que forme parte de un proyecto y de una estrategia que respondan a una política.
- Dirigirse no a un destinatario único, sino a un público mixto, heterogéneo, que tenga en común el desarrollo de los concesionarios y la ayuda que puedan aportarles.
- Pasar de una acción iniciada por el Servicio de capacitación y la Dirección comercial y desarrollada por un organismo externo, a una asunción de esta actividad por parte de los jefes regionales asesorados por la sede central.

Para responder a este último principio, esta propuesta debe ser considerada sólo como un proyecto, una base de discusión con el Servicio de capacitación y la Dirección comercial. Será necesario, pues, formular un proyecto común entre la sede central, los jefes regionales y el organismo de capacitación.

Por lo tanto, el proyecto se concretará después de:

—una encuesta a la sede central
—una encuesta a los concesionarios
—una reunión de trabajo de dos días con los jefes regionales

II. *El sistema de capacitación*

Está compuesto por tres elementos:
—los jefes regionales (ver *ficha 1*)
—los grupos mixtos (proyecto C.E.N.) (ver *ficha 2*)
—el entorno de la actividad (ver *ficha 3*)
y de tres etapas:
—la puesta en situación
—la ejecución
—el seguimiento (ver cuadro)

Es decir, en total:

—Jefes regionales:	3 seminarios	
	o sea 10 días	
	x 2 animadores	= 20 días
—Grupos mixtos:	10 actividades	
(C.E.N.)	de 5 días (el primero de	
	ellos co-animado) o sea	
	11 actividades x día	= 55 días
—el entorno de la:	encuesta 1 - encuesta 2	
actividad	Preparación. C.E.N. - jornadas	
	de ajuste - informe 5	
	secuencias de 5 días	= 25 días
	Total	= 100 días

Pensamos que la co-animación es necesaria para:
—los seminarios con los jefes regionales a fin de poder tomar en cuenta el conjunto de datos prove-

PUESTA EN SITUACION

Encuesta Roubaix 5. d	Encuesta a Consecionarios (5. d)	Preparación del Producto C.E.N. (5. d)	Seminario 1 jefes regionales (2. d)

EJECUCION

3 actividades C.E.N. (5 d. x 3 actividades)	Seminario 2 jefes regionales (5. d)	7 actividades C.E.N.

5 jornadas sede "ajustes"

SEGUIMIENTO

Informe sobre la acción conducida (5 d.)	Seminario a jefes regionales (3 d.)

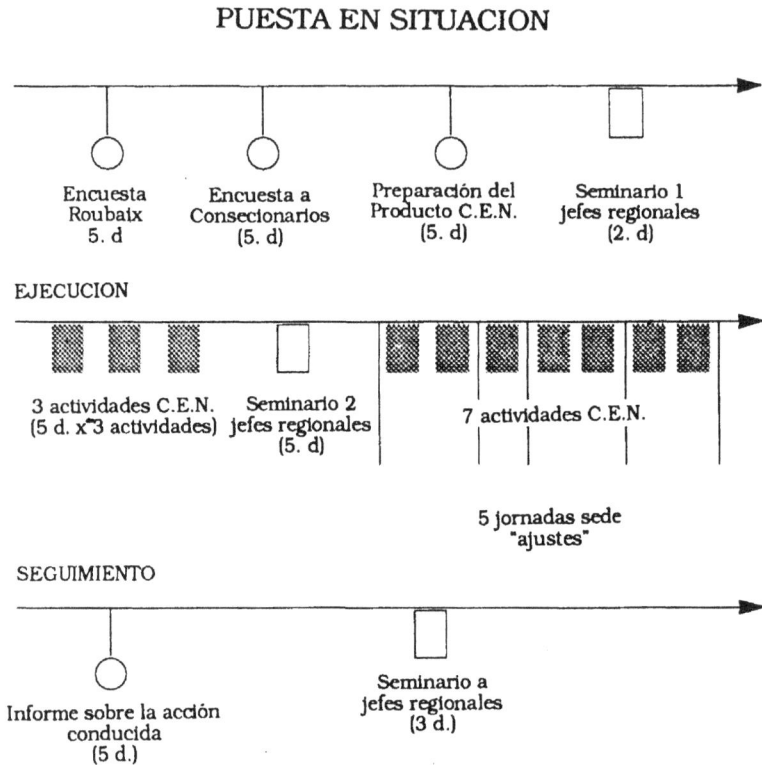

nientes de las actividades C.E.N. y que cada animador vuelque luego en dichas actividades las modificaciones aportadas por los seminarios.

Esta propuesta responde a la preocupación por obtener un máximo de eficacia; eventualmente podrá ser modificada en función de las limitaciones que ustedes presenten.

El arancel para participar es de 4.200 francos la jornada/animador (encuestas y animación), o sea, un total de:

— 100 días x 4.200 F = 420.000 F (impuestos no incluidos)

Estos honorarios se ajustarán mensualmente en función de las variaciones del índice *Syntec* publicado en *l'Usine Nouvelle*. A este monto habrá que agregar el T.V.A.* con una tasa del 17,60% así como los gastos de desplazamiento y de estadía de los animadores fuera de la región parisiña.

Ambos animadores, Thierry Dumont y Christine Bernard están a disposición de ustedes para conversar sobre este primer esbozo.

Quedamos a la espera de una respuesta favorable y les agradecemos la deferencia de habernos convocado.

Los saludamos con nuestra consideración más distinguida.

FICHA 1

PROYECTO JEFES REGIONALES

Objetivos

Transformar a los jefes regionales en:
— un grupo comprometido con el proyecto
— un grupo agente del seguimiento

Programa

Se prevén tres seminarios, que acompañen el conjunto de la actividad: antes, durante, después.

---

* TOUTE VALEUR AJOUTÉE (equivale al I.V.A., Impuesto al Valor Agregado).

Seminario 1: Dos días
Objetivo: Involucrar al jefe regional.
Temas: — Presentación y discusión del proyecto
C.E.N. - análisis crítico de la propuesta
I.C.
— Su función en el proyecto C.E.N. Cada actividad C.E.N. será iniciada y cerrada por el jefe regional (síntesis de la actividad, puesta a punto de las soluciones encontradas).
— Primera reflexión acerca del "seguimiento" y los instrumentos necesarios.
Seminario 2: Cinco días después de la realización de tres actividades C.E.N.
Objetivo: Encarar el traspaso de responsabilidad del organismo de capacitación a los jefes regionales.
Temas: — Presentación y discusión de las tres actividades C.E.N. realizadas.
— Tareas que permitan la puesta en marcha de las primeras ideas de acción surgidas como balance de estas tres actividades.
— Los aprendizajes básicos para el ejercicio de su función: entrenamiento en los métodos y técnicas en los cuales se capacitan los participantes en el C.E.N.
— Evolución de su función (su responsabilidad educativa con respecto a los agentes regionales).
— Los primeros pasos del seguimiento (herramientas-métodos-ritmo...)

FICHA 2

PROYECTO C.E.N. - GRUPO MIXTO

I. Objetivos de la capacitación (efectos esperados)
— Mejorar la relación triangular

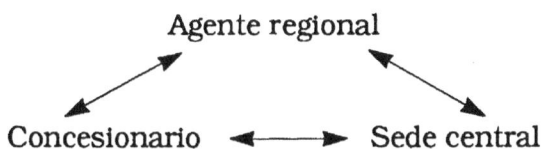

Agente regional

Concesionario ◄—————► Sede central

— Lograr el desarrollo de los roles:
 • de los agentes regionales
 • de los corresponsales
 • de los jefes regionales

— Reorientar a los agentes regionales hacia el apoyo que pueden encontrar en la Sede central.
— Aumentar la productividad de los concesionarios mejorando la eficacia de los agentes regionales.
— Mejorar el nivel técnico y también la capacidad de los agentes regionales para informarse dentro y fuera de la empresa.
— Obtener resultados del entrenamiento (puesta en marcha de acciones).

II. Objetivos pedagógicos

La acción tenderá a lograr cierto número de cambios de actitud y a adquirir conocimientos y métodos en varios temas:

2.1. Dirección del trabajo personal

2.2. Comunicación-expresión-negociación

2.3. Comprensión de su función y de su evolución

2.1. Dirección del trabajo personal
- organización del trabajo personal (en especial, del trabajo administrativo)
- administración del tiempo
- métodos de resolución de problemas
- métodos de toma de decisiones

2.2. Comunicación-expresión-negociación
- saber elegir una herramienta de comunicación en función de objetivos y de acuerdo con el público destinatario (diferentes tipos de concesionarios)
- las herramientas de comunicación: reuniones-visitas-teléfono -correo
- el diálogo: aprender a trabajar con otro, pasar de "saber imponer" a "saber comunicar", conocer los distintos interlocutores (concesionarios, banqueros, escribanos, etcétera).
- las técnicas de reunión

(No hemos desarrollado aquí este tema, dada la precisión de la que fuera objeto en la nota de ustedes).

2.3. Comprensión de su función y de su evolución
- tomar distancia de su función a fin de au-

mentar su eficacia:
- percibirse como un consultor/ auditor más que como un "super vendedor"
- saber tolerar; trabajar con los concesionarios menos calificados
• percibirse como una parte de una estructura y no como un elemento aislado (ser un agente mediador entre la sede central y los concesionarios)
• capacitar a los concesionarios pero también generarles nuevas necesidades
• detectar la información de interés para la empresa y compatirla con los colegas y la conducción
• dominar su función:
- adquirir una apertura general y un conocimiento de Rougier que permitan un diálogo eficaz con los concesionarios
- dirigir la complejidad de la función y percibir sus desarrollos técnicos previsibles (informática)
- comprender las funciones de los demás y de qué modo éstas se relacionan con la suya.

III. Métodos pedagógicos

Dados los objetivos generales de esta actividad y el tiempo asignado a ella, los objetivos pedagógicos que se mencionan no serán tratados todos de la misma manera; deberán ser jerarquizados entre:

- "saber hacerlo": entrenamiento, ejercicios, estudio de casos, etcétera.
- "saber hablar de ello": exposiciones, discusiones, cine debate, etcétera.
- "saber que ello existe": fichas metodológicas, manuales pedagógicos, etcétera.

Los métodos y las técnicas pedagógicas serán seleccionados en función de los objetivos que se desean alcanzar y de acuerdo con el ritmo de avance de los grupos.

FICHA 3

EL ENTORNO DE LA ACTIVIDAD

A fin de insertar la capacitación en una estrategia de mayor alcance, y de garantizar el traspaso de responsabilidad del organismo de capacitación a las distintas personas involucradas en la firma Rougier, resulta indispensable prever tiempos destinados a ajustes y a trabajos conjuntos.

Se proponen cinco etapas de cinco días (consecutivos o discontinuos):

5 días: *encuesta en la sede central*
Comprensión de la política y de la problemática de la firma Rougier, de los roles de las diferentes personas de la sede central, de sus puntos de vista acerca de la función de los agentes regionales...

5 días: *encuesta a los concesionarios*
Cómo ven ellos su tarea, sus dificultades, la ayuda recibida actualmente por parte de los agentes regionales y de la sede central, las mejoras deseadas...

5 días: *puesta a punto del producto C.E.N.*
Jerarquización de los objetivos pedagógicos, elección de los temas, puesta a punto del programa, elección de los métodos, creación de las herramientas pedagógicas, elección de los participantes...

5 días: *ajustes - afiatamiento*
Reajustes y coordinación entre ambos animadores; encuentros con los responsables del proyecto en la sede central, a fin de efectuar un balance de lo realizado sobre la marcha; incorporación de las modificaciones necesarias; evaluación integrada.

5 días: *informe escrito sobre la actividad desarrollada*
Destacar la información sobre las funciones de los agentes regionales, los corresponsables, los concesionarios; prediagnóstico acerca de los problemas del terreno.

Se buscará alternar entre:
— el estudio de casos reales
— los aportes externos:
a fin de preparar a los grupos para un nivel de reflexión que exceda el tratamiento de sus

problemas inmediatos, es posible prever:

- una persona de la firma Rougier (el mismo mensaje a todos los agentes comerciales; un mensaje "estratégico" en una situación atípica: grupos mixtos)
- un especialista en el tema, de la Consultora I.C.
- un especialista de la región: la configuración actual y la evolución económica y social de la región (los jefes regionales podrán intervenir en la elección de este especialista).

— los ejercicios de entrenamiento

— los disparadores de reflexión (películas, etcétera).

— el trabajo individual, en pequeños grupos, en grupos grandes

Cada etapa del programa definitivo contendrá precisiones con respecto a los contenidos y a los métodos pedagógicos que se utilizarán.

1.2.4. ¿Cuál fue la propuesta que usted seleccionó?

1.2.5. Si eligió la propuesta:

— "Ingeniería de Capacitación": es usted muy sensible a la ingeniería de la capacitación, y, además, realizó la misma elección que la comisión de selección de propuestas de la empresa Rougier.

— "Forma": la ingeniería de la capacitación puede enriquecer su perspectiva.

— "Venta +": le resultará útil adquirir información sobre el enfoque de ingeniería de la capacitación.

1.2.6. Haber elegido la solución correcta, después de la lectura del material y del tiempo que usted invirtió en esto, es gratificante. Pero, cualquiera haya sido la propuesta elegida es posible —y útil— encontrar diversos modos de aprovechar el trabajo de reflexión realizado.

Nosotros le proponemos tres posibilidades (si usted encuentra otras, háganoslo saber para incluirlas en las próximas ediciones):

En primer lugar, responda por escrito a la siguiente pregunta:

En su opinión, ¿cuáles son las ventajas del enfoque del estudio Ingeniería y Capacitación para el cliente? ¿para el proyecto en sí mismo?, ¿y para el profesional de capacitación? (limítese a tres respuestas por cada subpregunta).

a. Compare sus respuestas con las que aparecen en el capítulo 2. Las coincidencias lo colocan en la línea de pensamiento del autor y, por lo tanto, facilitan la comprensión de sus propuestas metodológicas. Los desacuerdos crean un suspenso, que será útil para una lectura crítica de lo que sigue.

b. Mantenga sus respuestas hasta finalizar la lectura de este libro, y luego responda otra vez, por escrito, a la misma pregunta.

Compare las dos series de respuestas. Las diferencias le permitirán percibir la evolución de sus ideas con respecto al enfoque de ingeniería de la capacitación.

c. Nada le impide encarar las consignas a) y b) sucesivamente. ¡Aprovéchelo!

CAPITULO 2

VENTAJAS Y LIMITACIONES
DE UN ENFOQUE ANTICIPADOR

Al buscar más eficacia en sus actividades, la práctica de la capacitación en las empresas condujo a los profesionales a ampliar el abordaje pedagógico — en otros tiempos centrado en el grupo y en la actividad en sí misma—, y a tener en cuenta, cada vez más, el entorno de la acción de capacitación.

Considerar las actividades de capacitación como parte de la vida cotidiana de la empresa conduce a prestar mayor atención a sus relaciones con el entorno, a fin de comprender la situación en la cual actúan los participantes y la utilización que podrán hacer del aprendizaje obtenido. Los resultados observados con motivo de la incorporación de lo aprendido a los puestos de trabajo demuestran la importancia — a veces decisiva— de contar con un entorno dispuesto a aceptar los aportes de la capacitación.

La formalización de estas prácticas genera la

necesidad de elaborar un enfoque anticipador con el objeto de conocer mejor los orígenes y los protagonistas del problema que se va a tratar, así como el contexto en el cual se inserta la acción.

La integración de las acciones de capacitación a lo cotidiano de la empresa ha generado innovaciones en la organización y la pedagogía, cuya difusión se extiende cada vez más. Algunas de ellas buscan involucrar a la alta conducción, en especial en los grupos de dirección cuya función es crear las condiciones necesarias para que los resultados de la capacitación sean incorporados al trabajo; otras se vinculan con la aparición del "capacitador ocasional": un miembro de la empresa que incluye en su función la trasmisión de su saber o de su saber hacer.

Otra innovación metodológica producida es, por ejemplo, la división de la operación de capacitación en varias secuencias más que la concentración en una o varias semanas, para estimular la articulación entre los aprendizajes en el aula y la acción en el lugar de trabajo; e incluso la capacitación-acción, en la cual la acción no es sólo el origen de la demanda de capacitación, sino también la situación en la cual los participantes adquieren las habilidades deseadas. Finalmente, podemos mencionar las experiencias de autoinstrucción con la puesta en marcha de centros de recursos y otros medios de enseñanza individualizada que se funden en el hecho de que, cada vez más, los adultos toman la capacitación en sus manos a partir de proyectos personales y profesionales, en los cuales la definición de los objetivos dirige la elección de los medios y la inversión personal.

El costo de este enfoque se mide por la inversión que exige la anticipación: en primer término, al profesional, para analizar una situación a partir de información incompleta y dispersa; y luego, al cliente, para aceptar el análisis de la primera demanda, necesario para la identificación del problema.

2.1 Conducir cuatro etapas paralelamente

Las nociones de *anticipación* y de *racionalidad* que aporta la ingeniería han encontrado un terreno fértil. Cuando los profesionales de la capacitación se dieron cuenta de que era necesario ir más allá de una mera acción de capacitación para la elaboración del proyecto a fin de que éste pudiera constituirse en una respuesta adaptada a los problemas detectados por los protagonistas, consideraron que esta acción sería un aporte positivo.

Aplicar técnicas utilizadas generalmente para temáticas "duras" a situaciones cambiantes y a hombres es un desafío. La ingeniería de la capacitación es un maridaje racional entre lo previsible y lo imprevisible. Es una experiencia de aplicación de reglas de acción adaptadas a situaciones reproducibles, propias de las ciencias físicas, y a las tecnologías derivadas de ellas, y acontecimientos únicos, propios de las ciencias humanas.

Esta dualidad y sus consecuentes restricciones son bienvenidas para los capacitadores interesados en la profesionalización de su función, ya que los conduce a la búsqueda de herramientas y métodos objetivos y verificables.

El cuadro 2.1. ha sido elaborado como matriz para la reflexión, desde la perspectiva de la respuesta de un profesional de la capacitación a una demanda de intervención. Las etapas figuran verticalmente y las preguntas que se plantea el técnico, en forma horizontal.

Matriz de reflexión sobre el enfoque de ingeniería de la capacitación

Cuadro 2.1.

Aspectos \ Etapas	¿Para el logro de qué metas?	¿Con qué herramientas?	¿Sobre qué asuntos se trabajará?
Análisis de la demanda	Diagnóstico Condiciones de contratación	Reuniones Observaciones Análisis de documentos Análisis de situación Análisis estratégico Análisis de la cultura organizacional	Problemas Expectativas Protagonistas Riesgos Destinatarios centrales Resultados esperados
Elaboración del proyecto	Anteproyecto Proyecto detallado Condiciones de éxito	Criterio de coherencia, criterios de elección de los medios, cálculo de plazos, criterio de elección de los participantes	Finalidades, metas y objetivos, medios, definición de la acción
Implementación	Programación, responsables, sistema de seguimiento y ajustes	Grupo de coordinación, atención de reclamos, observaciones, reuniones, encuestas	Organización de la acción, responsabilidades, condiciones de éxito, seguimiento
Evaluación	Ajustes, ideas para nuevos proyectos	Reuniones, cuestionarios, observaciones, tests	Resultados y efectos, condiciones de éxito

Algunas observaciones

— La formalización en etapas resulta necesaria para hacer operativa la noción de ingeniería de la capacitación. Esto no implica que el enfoque sea percibido como un camino simple que comienza con "la observación de los hechos", "avanza hacia las ideas", "decide la acción, pasa al acto", y, finalmente, "evalúa" y vuelve al punto de partida. Si bien en la acción son sucesivas, estas etapas deben elaborarse en paralelo.

La práctica muestra que el hecho de encarar al mismo tiempo la preparación, la implementación y la evaluación de una acción de capacitación —aun la más sencilla— permite criticar fundamentadamente el proceso de elaboración del proyecto (en especial, precisar la formulación de los objetivos), garantizar un adecuado contacto con el entorno y mejorar la estructura del proyecto.

— De allí la idea de interacción y de análisis en paralelo de las etapas, de modo tal que sea posible evitar los riesgos de un tratamiento segmentado, demasiado limitado por las restricciones de cada etapa. Resultaría útil compatibilizar este cuadro con un análisis de la problemática preventiva del cambio, cuya formulación tomamos de Guy Le Boterf.[1]

"Esta problemática comprende la articulación de los tres términos siguientes:

---

[1] "Une formation aux démarches prévisionnelles: bilan critique d'une expérience", en *Education Permanente*, enero-febrero, 1973.

• ."los criterios de cambio"
...indican opciones o preferencias provenientes de la confrontación entre el referente (incluido el referente institucional, los grupos de referencia...) y la situación. Tal criterio no puede, por lo tanto, existir "desde el comienzo" en el espíritu del protagonista social sin que este último esté en relación con la situación por transformar. Los criterios de cambio (que no son forzosamente criterios de desarrollo o de expansión) se enuncian bajo la forma de "metas", es decir, de direcciones dadas a la acción.

• las hipótesis preventivas
...se refieren a las tendencias previsibles que el sujeto tendrá en cuenta para un período dado (para aceptarlas, denunciarlas o contrarrestarlas...).

• las hipótesis de acción
...expresan un abanico de acciones posibles; éstas pueden ser objeto de un estudio de consecuencias derivadas de su aplicación. También pueden formularse bajo la forma de metas que sólo se convertirán en "objetivos" cuando se haya decidido qué hipótesis se seleccionará".

2.2. Introduciendo un abordaje sistémico

La elaboración de un proyecto de capacitación necesita —ante todo— de la definición de los roles que van a desempeñar las diferentes contrapartes y situar el nivel de análisis del problema detectado.

Es necesario, además, identificar a quién financia, quién dirige y quién ejecuta, para situar la operación en la perspectiva y el proyecto de la empresa. La dialéctica entre los protagonistas delimita el marco dentro del cual deberá actuar el profesional de la capacitación (sea interno o externo a la empresa; asuma el rol de director o de simple recurso). De igual modo, el análisis de las relaciones entre el proyecto y su entorno así como la posición de los diferentes protagonistas frente al proyecto circunscriben el campo de acción. El análisis de este conjunto de relaciones permite identificar las zonas de consenso y las de conflicto, en las que se requiere de la negociación para que la acción de capacitación pueda desarrollarse y alcanzar sus objetivos.

Las características de la misión del consultor resultan de todas estas consideraciones, con matices propios para cada operación, aun cuando se realicen varios proyectos en una misma empresa. El enfoque es al mismo tiempo estratégico y técnico y su éxito depende de la complementariedad entre ambas posturas frente al problema que se va a tratar.

Al contar con un abordaje que relaciona protagonistas y situaciones, este enfoque permite:

— *al proyecto de capacitación:*
- reunir alrededor de una misma lógica a personas provenientes de universos diferentes (capacitación/.producción);
- brindar a las relaciones entre cliente y consultor la dimensión contractual, que a veces es deficiente;
- facilitar el compromiso de los diferentes protagonistas sobre la base de riesgos claros;
- definir los roles y las responsabilidades de cada uno de los protagonistas;

— *al profesional:*
- trabajar sobre cuestiones previas, más allá de los problemas detectados;
- ubicar a la capacitación en la perspectiva de mediano y largo plazo de la empresa;
- prever los procedimientos de evaluación desde el inicio de los proyectos;
- diferenciar las metas y los medios de la capacitación;
- detectar los problemas que están por detrás de una demanda espontánea a fin de posibilitar una respuesta más adecuada;
- evitar el riesgo de un insuficiente análisis de la situación, que conduce a una respuesta ya intentada;
- fortalecer el rol de asesor del responsable de capacitación frente al personal operativo;
- pasar del rol de proveedor al de consultor y coproductor de la operación;

— *al cliente:*
- aportar rigor y racionalidad en un terreno en el que el "más o menos" es muy frecuente;
- responsabilizar a los capacitadores con respecto a la problemática global de la empresa;
- comprometer a la capacitación y a los capacitadores con un método de trabajo en interacción directa con los usuarios;
- definir con precisión los objetivos por alcanzar y la metodología para la puesta en marcha del proyecto a cargo del consultor;
- comprometer la responsabilidad del consultor en lo que respecta a los resultados.

2.3. Para proyectos de diferentes alcances

En razón de la complejidad del enfoque y de los medios que requiere su implementación, es legítimo preguntarse acerca del tamaño mínimo de un taller para que su aplicación sea recomendable. Una operación interna de la empresa, de pocos días, ¿merece tal despliegue?

Un caso nos permitirá ilustrar nuestro propósito y, además, justificar el tan categórico título de esta sección.

Un integrante del servicio de capacitación de una mutual de seguros nos solicita conducir un curso, en forma interna. El presupuesto previsto permitía una intervención de seis días. Los destinatarios eran los supervisores de un servicio cuya tarea consistía en el procesamiento del correo, la atención de la central telefónica, así como la búsqueda y la clasificación de los legajos de los socios que pasaban a los redactores una vez presentadas las solicitudes de reembolso. El objetivo de la actividad era mejorar las relaciones entre el jefe del servicio y los supervisores. Hacía algunos años se había realizado una actividad sobre comunicación, pero la situación —después de haber mejorado durante cierto tiempo— había vuelto a deteriorarse.

¿Qué hacer?

¿Proponer directamente un curso y una metodología o realizar una investigación previa?

Elegimos la segunda opción y he aquí lo que aprendimos durante nuestras conversaciones con el responsable de la división, el jefe del servicio en cuestión, los eventuales participantes, dos jefes que coordinaban una nueva organización del trabajo y colaboradores del servicio que habían trabajado con ellos.

El servicio declinaba como consecuencia de la puesta en marcha de un procedimiento que acercaba los legajos a los redactores, situación que provocó una redistribución del personal. Paralelamente, el ex jefe que durante largos años había distribuido cotidianamente el trabajo a cien personas, se desempeñaba en otro sector de la empresa. El remplazante, su ex adjunto, no respondía a las expectativas de sus subordinados.

El acercamiento de los legajos a los redactores había generado un importante cambio en los procedimientos y en la posición de los equipos de búsqueda de legajos. Debían integrarse a los equipos de secretarias y redactores, lo cual los ponía en contacto con diferentes interlocutores y, a veces, con los socios.

Haber destinado casi un tercio del presupuesto a explorar la demanda sirvió para identificar el problema al cual la acción de capacitación debía responder: preparar a estos supervisores —formados en su puesto de trabajo en actividades de contacto con diversos interlocutores— para responder a la voluntad de la empresa de mejorar el servicio prestado a los socios.

La explicitación del marco en el cual actuaban las personas que iban a ser capacitadas, así como la información sobre los proyectos en marcha y sobre las perspectivas del servicio en cuestión, permitieron, sin descuidarlo, salir del clásico conflicto "jefe que no tiene imagen/subordinados" y de las soluciones acotadas a los aspectos sicológicos y sicosociológicos. El programa de capacitación pudo integrar los datos de los cambios encarados para mejorar la organización del trabajo personal y desarrollar la capacidad de comunicación.

Una vez definidos el marco y los objetivos en función de la evolución de la empresa con la participación de los protagonistas involucrados, la capacitación pudo realizarse en condiciones adecuadas. El contacto con el responsable de la división facilitó la percepción de las dificultades evidenciadas en el terreno por el jefe del servicio en cuestión y le permitió el reencuentro con los participantes en un clima de diálogo. Este último, que percibía a la capacitación como una agresión, se adhirió a su concepción y a su organización. Los participantes, por su lado, tuvieron la oportunidad de adquirir nuevos conocimientos —propio de toda acción de capacitación— y también de tomar contacto con uno de los dirigentes de la empresa y recibir información de primera mano acerca de la evolución de su servicio.

Ya sea que se trate de operaciones de gran envergadura o de acciones puntuales, hay preguntas que el profesional de capacitación se plantea antes de comprometerse:
* ¿Quién financia?
* ¿Cuál es su expectativa?
* ¿Quiénes son los usuarios finales?
* ¿Cómo se integrarán a la vida de la empresa los aportes de la acción de capacitación?
* ¿Cuáles son los recursos existentes en la empresa que pueden contribuir a la acción de capacitación?

- ¿Cuáles son las condiciones de éxito de la operación?
- ¿Cómo se evaluarán los resultados de la acción?

Estas preguntas —fruto de la experiencia, cuya lista no es exhaustiva— constituyen una guía habitual de análisis utilizada por los profesionales ante la primera demanda. Organizadas y desarrolladas bajo la forma de métodos e instrumentos, remiten a las diferentes etapas del enfoque de ingeniería de la capacitación. En este sentido, éste es aplicable, en sus grandes líneas, a cualquier demanda, permitiendo a quien intervenga (capacitador o consultor) decidir la conducta que debe seguir: en primer lugar, con respecto a su compromiso con la operación; luego, en función del problema detectado, si es deseable proveer productos terminados preexistentes, o si es preferible elaborar una respuesta a medida, de acuerdo con las características de la situación. Evidentemente, la envergadura de la acción determina el nivel de detalle deseable para la puesta en marcha de este enfoque.

Para quien interviene, es una herramienta que permite:
- conocer rápidamente la situación, los protagonistas y sus eventuales riesgos;
- identificar los medios para elaborar su proyecto;
- garantizar las condiciones necesarias para la ejecución y la evaluación de la operación.

LAS ETAPAS Y LAS HERRAMIENTAS PARA ELABORAR UN PROYECTO DE CAPACITACIÓN

Los cuatro capítulos que comprende esta segunda parte corresponden a las etapas necesarias para la elaboración de un proyecto de capacitación.

Su organización responde al siguiente plan:

1. Función de la etapa
2. Los objetivos por alcanzar
3. El rol del consultor
4. El resultado de la etapa

Cada uno de los capítulos incluye tres tipos de ficha cuyo objetivo es:

- mostrar cómo ocurren las cosas: Ficha-situación
- proponer un abordaje: Ficha-método
- explicar cómo hacer: Ficha-herramienta

CAPÍTULO 3

ANALIZAR LA SITUACIÓN
A PARTIR DE LA PRIMERA DEMANDA
DEL CLIENTE

Cada etapa crea bases para el inicio del proyecto, tanto desde el punto de vista de la comprensión de la situación y de sus eventuales réditos como de las acciones que apuntan a la transformación de los protagonistas en activas contrapartes.

3.1. Comprender la situación y sus eventuales réditos

Un proyecto de capacitación comienza con la formulación de la demanda por parte de un contacto o cliente, demanda que será necesario registrar cuidadosamente. La función principal de esta etapa es consignar y verificar la primera formulación para llegar a clarificar y definir la misión del consultor.

El análisis de esta formulación, a veces rudimentaria, tiene una importancia capital ya que es el momento de proveerse de los medios necesarios para garantizar el éxito del conjunto del proyecto. Aquí se obtienen elementos útiles para una decisión previa, relativa al compromiso del consultor. De este modo, se podrán detectar los diferentes aspectos de la situación, la posibilidad de proponer una solución viable y decidir en consecuencia: ya sea que se consideren reunidas las condiciones necesarias para tratar el problema tal como ha sido detectado, o bien que se indique al cliente cuáles son las condiciones deseables para asumir el compromiso.

En principio, se trata de identificar a las contrapartes del proyecto y definir sus respectivos roles (quién financia, quién dirige, quién ejecuta) y detectar sus expectativas y eventuales réditos, así como las restricciones a las que se encuentran sometidos. Es conveniente clarificar las responsabilidades de cada uno de los protagonistas y establecer una relación de confianza que facilite un trabajo en equipo entre el consultor y su contacto.

A continuación, es necesario obtener el compromiso de los diferentes protagonistas. El contacto con el terreno de trabajo facilita y estimula los intercambios; favorece por un lado la concertación entre los protagonistas entre sí y, por otro, entre los protagonistas y el consultor. Para alcanzar el éxito resulta útil un enfoque iterativo que incluya informes periódicos de las observaciones y la validación de las conclusiones parciales ante los diferentes interlocutores.

FICHA-HERRAMIENTA

SITUAR LA DEMANDA

¿Para el logro de qué metas?

— Realizar un primer abordaje de la situación
— Verificar el grado de compromiso del contacto o del cliente
— Explorar las fortalezas y debilidades de la eventual operación
— Conocer la empresa
— Buscar información para elaborar hipótesis de trabajo
— Obtener información para responder a la siguiente pregunta: ¿Estoy dispuesto a comprometerme?
— Definir —sobre la base de la información obtenida— un plan de análisis de la situación.

¿Cómo hacerlo?

Los temas y las preguntas que se incluyen a continuación servirán, en primer lugar, como lista de control de los aspectos por explorar y luego, como muestrario de preguntas cuya elección y formulación deberán ser adaptadas a los interlocutores y a las circunstancias.

1. Origen de la demanda
— ¿Quién la formula?
— ¿Cuál es la posición de quien formula la demanda con respecto a las contrapartes de este proyecto y su rol en relación con el servicio de capacitación?
— ¿Cuáles son las razones para consultar al servicio de capacitación?

2. El interlocutor
— ¿Cuáles son sus funciones y título?
— ¿Cuál es su experiencia profesional?

— ¿Cuál es su formación?
— ¿Cuál es su rol (recomienda, decide, se beneficia) con respecto a la demanda?
— ¿Cuáles son sus motivaciones profesionales con respecto a la empresa?
— ¿Cuál es su actitud con respecto a la capacitación?
— ¿Cuál es su actitud con respecto a los capacitadores?
— ¿Cómo formuló el objetivo del encuentro?
— Busca:
  • ¿informarse?
  • ¿evaluarme?
  • ¿asegurarse acerca de...?
  • ¿deshacerse de un trabajo?

3. La primera formulación
— El problema
  • ¿cuál es el lenguaje utilizado?
  • ¿cuál es el rédito manifiesto (con respecto a la empresa)?
  • ¿bajo qué forma se planteó el problema?
  • ¿cuáles son las expectativas manifiestas?
— ¿Cuáles son los antecedentes manifiestos del problema?
— ¿Cuál es el origen del problema y cuáles son sus causas?

4. El entorno
— ¿Cómo se sitúa el problema en el contexto de la empresa?
— ¿Cuál es la situación actual de la empresa: competencia, proyectos, clima social?
— En opinión del contacto, ¿cuál es la sensibilidad del entorno con respecto al problema?

5. Los protagonistas
— ¿Quiénes son los protagonistas de la situación-proble-

ma y cuáles son sus respectivos réditos?
— ¿Quiénes más intervienen?
— ¿Quiénes son los beneficiarios y los decisores?
— ¿Cuál es el grado de información de unos y otros sobre este enfoque?

6. Las expectativas
— ¿Cuáles son las expectativas manifiestas con respecto al consultor?
— ¿Qué rol se pretende asignarle?
— ¿Qué medios puede tener a su disposición?

7. Los obstáculos
— ¿Cómo son percibidos por el contacto los eventuales obstáculos de la operación?
— ¿Cuáles son las restricciones que habrá que tener en cuenta?

Observaciones

— Es importante tomar nota cuidadosamente durante las primeras reuniones, registrando muestras del lenguaje utilizado.
— Realizar una primera lectura de las notas inmediatamente después de la reunión mantenida con el contacto, para clarificarlas o complementarlas si fuese necesario.
— Confeccionar una ficha aparte para anotar las apreciaciones personales, comentarios y preguntas que se susciten durante la reunión.
— En el caso de que sean dos las personas que participen en la primera reunión (lo cual recomendamos muy especialmente) resulta más eficaz realizar primero una relectura individual antes de poner en común la información y las apreciaciones.
— En especial, no dejar de lado prematuramente pregun-

tas que al comienzo pueden parecer triviales. Primero verificar y luego decidir.

¿Cuándo utilizarla?

— Siempre en los primeros contactos.

¿Cuáles son las limitaciones de esta herramienta?

— Es un abordaje global, no detallado.
— Exceso de subjetividad y opiniones en la información recogida.
— Los datos reunidos son indicios y no pruebas.

3.2. Identificar la misión del consultor

Para poder definir las tareas del consultor es necesario comprender correctamente la demanda. El problema que se supone que va a resolver la operación, generalmente está oculto detrás de la primera formulación de la demanda. Varias razones originan la comprobada imprecisión de esta primera formulación:

a) la reflexión recién se inicia

b) "un problema puede esconder a otro" y finalmente,

c) el interesado está demasiado inmerso en la situación como para percibir la amplitud del problema.

Los contactos con las contrapartes (decisores, beneficiarios, usuarios) de la operación permiten ubicar los roles que desempeñan en la situación y por lo tanto, identificar a los protagonistas, sus expectativas y réditos, y facilitan el descubrimiento de aliados y eventuales obstáculos. Asimismo, es necesario situar el problema en su entorno próximo y lejano, a fin de percibir su peso y el eventual impacto de las posibles soluciones en la marcha de la empresa.

Será posible entonces, definir la misión del consultor:

- ¿Qué debe producir?
- ¿Con qué medios?
- ¿En qué plazo?
- ¿Respetando qué restricciones?
- ¿De acuerdo con qué procedimientos?

y el contenido de las condiciones de contratación:

- Resultados esperados
- Población involucrada
- Población-meta
- Medidas complementarias
- Criterios y medios para evaluar los resultados
- Plazos

FICHA-HERRAMIENTA

MODO DE EMPLEO DEL ANALISIS MODULAR
DE SISTEMAS[1]

¿Para el logro de qué metas?

— Comprender el marco en el cual se plantea el problema detectado, y el funcionamiento de la unidad involucrada.

— Identificar la red de relaciones de la unidad analizada con el entorno y destacar las vinculaciones operativas entre los diferentes sectores o personas.

— Distinguir la misión y las tareas de la unidad analizada.

— Implicar al interlocutor (individual o colectivo) en una reflexión sobre su práctica.

¿Cómo hacerlo?

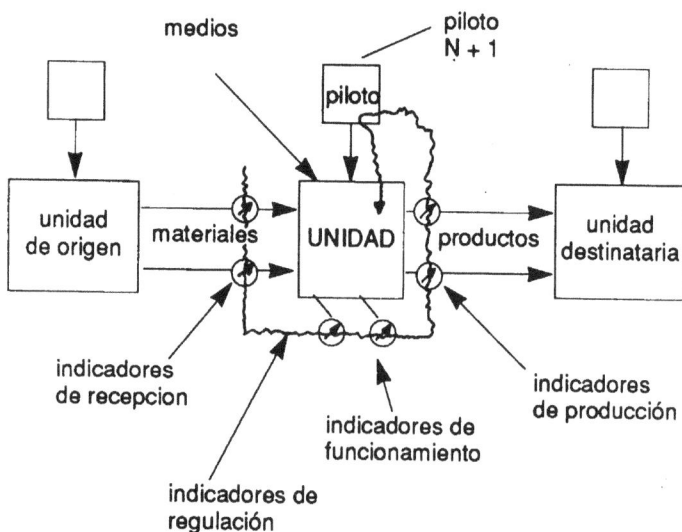

[1] Mélèse Jacques, L'analyse des systèmes de gestion, Editions Hommes et Techniques, París, 1972.

Sobre la base del esquema anterior:

1. Elaborar la lista de las contrapartes (internas o externas a la empresa) que proveen los elementos transformados por la unidad considerada.
2. Clasificar a las contrapartes de acuerdo con su influencia sobre la unidad.
3. Elaborar una lista de los problemas que se plantean en las relaciones con esas contrapartes.

Contrapartes	Grado de influencia	Problemas planteados

4. Elaborar la lista de las contrapartes (internas o externas) a las cuales se destinan los productos de la unidad.
5. Clasificar a las contrapartes según el grado de dificultades observadas en las relaciones.

Contrapartes	Tipo de dificultades en las relaciones	Grado de influencia

6. Definir la misión de la unidad
   — ¿Qué contribución aporta a la misión de la unidad englobante (aquella de la cual forma parte)?

— Si se la suprimiera, ¿qué pasaría?

7. ¿Qué transformaciones introduce esta unidad en los materiales que provienen de otra unidad?

8. Elaborar una lista de los indicadores:
   — de recepción (de entrada) para verificar que los materiales son utilizables por la unidad
   — de producción (de salida) para verificar que el producto es "bueno"
   — de funcionamiento, para verificar que no hay riesgo de paralización.

9. Realizar el inventario de los medios puestos a disposición:
   energía, efectivos, presupuesto, equipamiento, normas, especificaciones y tolerancias, métodos de organización, capacitación.

10. Describir los medios a través de los cuales circula la información entre la unidad y el exterior.

¿En qué situaciones?

1. En entrevistas:
   — Presentar el esquema.
   — Preguntar al interlocutor para llenar el esquema.
   — Explorar las omisiones para completar la descripción.

2. El interlocutor a solas:
   — Presentar el esquema.
   — Pedirle que lo complete en su casa.
   — Discutirlo en un segundo encuentro.

3. En grupo:
   — Presentar el esquema.
   — Pedir que se complete individualmente.
   — Poner en común las reflexiones individuales.
   — Extraer las conclusiones.

¿Cuándo utilizarla?

— Al comenzar el análisis, después de haber escuchado las reflexiones generales sobre el problema que se va a tratar, para obtener información fáctica.

¿Cuáles son las limitaciones de esta herramienta?

— Estar centrada en el desarrollo de las operaciones, sin tener en cuenta las relaciones.

FICHA-HERRAMIENTA

MODO DE EMPLEO DEL ANALISIS ESTRATÉGICO[2]

¿Para el logro de qué metas?

— Identificar a los protagonistas de una situación.
— Detectar sus relaciones.
— Detectar las habilidades (saberes y saber-hacer) de los protagonistas antes de las actividades de capacitación.
— Descubrir bloqueos y desacuerdos latentes o manifiestos sobre la percepción del problema y sus posibles soluciones.

¿Cómo hacerlo?

1. *Identificar las principales incertidumbres*
   • técnicas
   • económicas
   • organizacionales
   • culturales

— Recortar los problemas que generan incertidumbre.
— Delimitar las unidades involucradas en cada problema.

[2] Sainsaulieu R., Exiga A., L'Analyse sociologique des conditions de travail, ANACT, París, 1981

2. *Realizar el balance de los recursos de los diversos protagonistas y evaluar sus márgenes de maniobra*

- El saber
  — la necesidad del saber:
    - ¿cuáles son las competencias exigidas para desempeñarse en ese puesto (por orden de importancia)?
    - ¿qué es deseable y qué es realmente indispensable?
  — el dominio del saber:
    - ¿cuál es la duración de la capacitación básica exigida?
    - ¿cuáles son las reglas de acceso a este puesto?
    - ¿cuál es la duración total del aprendizaje necesario para responder correctamente a las normas impuestas?
    - ¿hay un procedimiento (o un modo operativo) estándar?
    - ¿cómo es trasmitido el saber en la unidad involucrada?
  — lo inhabitual del saber:
    - ¿cuántas personas en la empresa posen los mismos saberes?
    - ¿cuánto tiempo se necesita para obtener en el mercado una persona con las mismas competencias?

- El control de las reglas
  — el grado de autonomía con respecto de las reglas:
    - ¿Cuál es la posición del protagonista con respecto a los procedimientos de trabajo:
    - ¿Puede interpretarlos?
          crear nuevos procedimientos?
          o únicamente aplicarlos?

- El control de la información
  — El protagonista está ubicado en un punto de paso obligado: ¿con el entorno? (servicio de posventa, por ejemplo), ¿con las comunicaciones internas?
  — ¿Tiene posibilidades de filtrar información?

- El control de la asignación de los medios
  — ¿El protagonista debe tomar decisiones que tengan una influencia sobre otras personas o sectores en la asignación de medios (mano de obra, máquinas, presupuesto, etcétera)?

3. *Delimitar la situación actual y los cambios encarados:*
  - Los indicadores de un entendimiento durable
    — ¿En qué se necesitan los protagonistas unos a otros?
    — ¿Cuáles son los sentimientos y los valores comunes?

  - Los indicadores de una oposición conflictiva
    — ¿Cuáles son los problemas que crean conflicto, desconfianza, hostilidad?
    — ¿Cómo se manifiestan?

  - Los indicadores de negociación
    — ¿Cuáles son las opiniones acerca acerca de la utilidad del trabajo en grupo (comisiones, reuniones)?
    — ¿Cómo se sitúan las personas con respecto a la posibilidad de negociar, o a la existencia de reglas formalizadas y de procedimientos claros?

4. *Formular dos series de preguntas para resumir*
  - La situación actual
    — Tal como resulta de la recomposición en la relación de fuerzas, ¿quién gana y quién pierde, quién domina y quién es dominado?

• La situación futura
— ¿Cuáles serían (en grandes líneas) las nuevas relaciones de poder como consecuencia de la operación encarada?
— ¿Quién apoyará el cambio, quién lo resistirá, y cómo lo harán?

¿Cuándo utilizarla?

— En la etapa previa a la elaboración del proyecto de capacitación.

¿Cuáles son las limitaciones de esta herramienta?

— Es una imagen puntual de la situación en la empresa en un momento dado (aquél en el que se realiza la observación).
— Se presta atención preferencial a la consideración de los conflictos.

FICHA-HERRAMIENTA

PREGUNTAS PARA DETECTAR LA CULTURA DE LA EMPRESA.[3]

¿Para el logro de qué metas?

— Captar adecuadamente las peculiaridades de la empresa.
— Identificar los puntos fuertes y los débiles con respecto a los cambios que se pretende introducir.

[3] Thévenet, Maurice, Audit de la cultura d'enterprise, Editions d'Organisation, París, 1986.

— Anticipar y prevenir las consecuencias de los cambios de comportamiento generados por la acción de capacitación (por ejemplo, derivados de la introducción de nuevas tecnologías).

— Chequear la coherencia de los nuevos medios propuestos con las tradiciones.

A título de ejemplo, se incluyen algunas preguntas sobre:

— *La historia, los mitos fundadores, los hombres*

¿Cuál es el origen de la empresa?

¿Quiénes fueron los fundadores (trayectoria personal y profesional, proyectos, metas)?

¿Cuáles son las principales etapas de la vida de la empresa?

¿Qué evolución ha tenido: momentos decisivos, causas de los cambios, sobre qué aspectos se realizaron (mercados, tecnología, productos, etcétera)?

— *La función de la empresa*

¿Cuál es el área de competencia de la empresa?

¿Qué *saber-hacer* domina?

¿Cuáles son las relaciones entre los diferentes *saber-hacer*?

¿Cuáles son las relaciones entre la función de la empresa y los objetivos a dos años?

— *Los signos y los símbolos*

¿Cuáles son los comportamientos con "el exterior" (recepción, estilo de contacto de las secretarias y atención telefónica)?

¿Cuáles son los comportamientos aceptados y los no aceptados (lenguaje, vestimenta, hábitos de consumo)?

¿Cuál es el tipo de relación entre los miembros de la empresa?

¿Cuáles son los ritos en el seno de la empresa (actividades, fiestas, publicidad de las promociones)?

¿Cuál es el grado de adhesión del personal?
¿Cómo se manifiesta?

— *Los valores*
¿Cuáles son los valores explícitos en los documentos de la empresa?
¿Cuáles son los valores predominantes en el *management* de la empresa (procedimientos, evaluación de desempeño, reclutamiento, relaciones entre las unidades)?
¿Cuáles son las actitudes frente a la competencia?
¿Cuáles son las actitudes con respecto al entorno (participación de la empresa en la vida de la comunidad a la que pertenece; participación de sus miembros en la vida social, clubes, asociaciones diversas, posiciones asumidas con respecto a los problemas sociales tal como el desempleo juvenil?
¿Cuáles son las relaciones con las contrapartes sociales (clima que reina en las instancias de concertación gremial, etcétera).
¿Cómo ha evolucionado la política de capacitación?

¿Cómo hacerlo?

— Mantener conversaciones con los "veteranos" y los "nuevos" a partir de un conjunto de preguntas que permitan captar las diferencias de información y de percepción entre ellos.
— Aprovechar la existencia de archivos de todo tipo (escritos varios, catálogos, fotos, informes de clientes), de la empresa o pesonales, para explorar la imagen de la empresa y su evolución.
Participar en acontecimientos, observar situaciones de trabajo individual y colectivo (reuniones, contactos entre los servicios).

— Explorar el entorno para rastrear la imagen de la empresa, en especial a través de la percepción de signos y símbolos.

¿Cuándo utilizarla?

— Inmediatamente antes de la puesta en marcha del proceso de elaboración del proyecto de capacitación.

¿Cuáles son las limitaciones de esta herramienta?

— La mirada se dirige hacia el pasado.

FICHA-SITUACION

LARGA MADURACION DE UNA DEMANDA

Lograr el ajuste entre el consultor y el cliente

Diciembre de 1980. Una gran empresa nacionalizada plantea una demanda al servicio de capacitación, vinculada con la evaluación de su propio sistema de capacitación.

Enero de 1981. Se realiza una primera reunión entre el contacto, los responsables del área de personal y los consultores, sobre la base de una guía de reflexión que incluye temas que permiten elaborar una evaluación de la capacitación en la empresa.

Febrero de 1981. En la primera propuesta, de acuerdo con la demanda de los responsables del área de personal, los consultores habían enfocado el estudio hacia el análisis de la adecuación entre el sistema de capacitación y la gestión de personal.

Marzo de 1981. El servicio de capacitación responde que "las acciones de capacitación deben contribuir igualmente a hacer eficaces los cambios de la organización, los proyectos de reducción de costos, el cambio en las relaciones sociales, la simplificación de los procedimientos, etcétera". Esta sugerencia desencadenó largos intercambios y un trabajo de ajuste recíproco entre el consultor y su cliente, a fin de ubicar en primer término, el rédito de esta evaluación.

En ese momento, entre los proyectos cuya implementación era estratégica para el futuro de la empresa, figuraban el cambio de mercado; la asociación de una firma extranjera, para la producción de un nuevo producto, y cambios culturales en el personal, para facilitar la colaboración con las contrapartes extranjeras.

Tener en cuenta la pluralidad de protagonistas y sus eventuales réditos

Octubre de 1981. El servicio de capacitación reformula la demanda en términos de "análisis de políticas y procedimientos; estudio de la población atendida y de la población total al cabo de cinco años; estudio de los efectos de la capacitación y lineamientos a cinco años".

Noviembre de 1981. En su respuesta, los consultores plantean la finalidad del proyecto: "extraer enseñanzas del modo en que la empresa ha puesto en marcha su política de capacitación (política que ustedes desean conocer a través de los efectos que produjo en el terreno) y apreciar cómo ésta debería reorientarse para alcanzar con un máximo de eficacia los objetivos que le pueden ser razonablemente asignados Este tipo de evaluación no se origina, pues, en preocupaciones especulativas, sino que responde al interés de reforzar la eficiencia del sistema educativo propio de la empresa de ustedes en un contexto determinado".

Abril de 1982. La dirección de relaciones laborales lanza el estudio apuntando a tres objetivos principales:

"1. La evaluación del sistema de capacitación (externo) y la estimación de los medios existentes y los que se van a poner en marcha, para permitir al servicio de capacitación enfrentar las responsabilidades que le incumben.

2. El asesoramiento al servicio de capacitación para la utilización de herramientas de gestión de la capacitación y, en especial, para la confección de un fichero que permita:

— conservar la memoria del pasado: población capacitada con indicación de las demandas individuales combinadas con las decisiones de sus jefaturas

— garantizar el seguimiento de las acciones en curso

— facilitar la detección de prioridades

3. La orientación de la política de capacitación, en función de lo realizado durante cinco años y las previsiones de actividad de la sociedad en el horizonte de los próximos cinco años".

Definir seis condicionantes para orientar el análisis de la información en el terreno

El estudio debía estar orientado hacia una autorreflexión de la empresa sobre su sistema de capacitación mucho más que hacia una auditoría realizada exclusivamente por un consultor externo. Se pedía, por lo tanto, generar una reflexión colectiva sobre la experiencia adquirida en materia de capacitación, y ubicar las vinculaciones del sistema de capacitación con la historia industrial de la sociedad, a fin de clarificar las decisiones que habría que tomar para los cinco años siguientes.

Esta demanda llevó a los consultores a identificar seis condicionantes de la capacitación en la empresa: la situación industrial, la organización y la gestión; la información y la comunicación; la gestión de personal; las relaciones con las contrapartes sociales; la capacitación como valor empresarial.

Se consultó a diferentes responsables de la firma para situar a la capacitación en cuanto herramienta para cada una de las funciones de la empresa. Este cruce de perspectivas permitió posicionar la capacitación con respecto a los intereses de la empresa.

Algunas enseñanzas

— Es conveniente proceder por sucesivas aproximaciones. Sobre la base de un anteproyecto, el intercambio de ideas surgido de la primera demanda, ayuda a diseñar el proyecto compatibilizando los deseos manifiestos y las restricciones detectadas.

— Los contactos con los diferentes protagonistas del "sistema cliente" (quién recomienda, quién decide; los usuarios) resultan necesarios para delimitar el rédito y pulir la formulación. Poner a la capacitación en relación con las diferentes funciones de la empresa —cada una de las cuales antepondrá sus propias preocupaciones y sus réditos— facilita el posicionamiento de la capacitación como herramienta de la empresa para hacer avanzar sus proyectos a corto y mediano plazo. Se trata de elementos condicionantes para guiar la elaboración del proyecto de evaluación.

— Para que el ajuste entre el consultor y su cliente pueda lograrse se requiere tiempo. Las aspiraciones del contacto con respecto a su función y al proyecto constituyen un factor nada desdeñable en el proceso de su elaboración, al igual que la perspectiva asumida por el consultor acerca de los objetivos deseables y la metodología que se va a utilizar. Voluntarismo y dependencia son los dos obstáculos que habrán de superar tanto el contacto (generalmente el responsable de capacitación) como el consultor.

3.3. Involucrar a los protagonistas

En el proceso de elaboración de un proyecto de capacitación en una empresa pueden presentarse dos casos. Si el responsable de capacitación asume el rol de director ejecutivo y convoca a un consultor externo, éste pasa a ser el director del proyecto. Si asume el rol de director del proyecto, el consultor externo se convierte en un medio.

En ambos casos, el director del proyecto deberá, por un lado, coordinar al equipo de intervención (compuesto a veces por diferentes especialistas) y garantizar las relaciones con el sistema cliente. Por otro lado, en su campo específico cae la función de concepción de la metodología.

Estas funciones técnicas están al servicio de los objetivos del jefe del proyecto: identificar a las contrapartes de la acción y lograr que sean verdaderos protagonistas, es decir, que se comprometan asumiendo responsabilidades en las diferentes etapas del proyecto.

Esta voluntad de trabajo en común debe evitar una actitud —demasiado frecuente— que consiste en deshacerse de la responsabilidad, confiando el proyecto a un profesional y no interesarse más en él hasta que finalice. Este comportamiento se parece a la subcontratación, estrategia practicada habitualmente por los responsables de las empresas. En el caso de una acción cuya finalidad es modificar comportamientos, esta actitud presenta obvios inconvenientes. La notoriedad y la pericia de un experto no garantizan que el diagnóstico y el proyecto de mejoras propuestas sean bien recibidos por los interesados; de allí el interés de una estrategia que, desde el comienzo del análisis de la demanda, dé intervención, en cada etapa, a los diferentes protagonistas de la empresa, para avalar las ideas y las propuestas del consultor.

Este tipo de enfoque presenta una doble ventaja: una mejor comprensión de la situación, y la construcción, paso a paso, de una percepción compartida del problema que se pretende resolver.

Con el aporte de su conocimiento del terreno, los protagonistas logran convertirse en parte interesada y coproductores de la elaboración del proyecto. Este hecho, sumado a una mejor calidad del diagnóstico justifica un esfuerzo suplementario de comunicación y de diálogo.

3.3.1. Una elección por realizar

El cliente − que a veces es el responsable de capacitación− suele enfrentarse a un dilema en la elección de su estrategia. ¿Es necesario contratar a un consultor externo, o es mejor que este rol sea asumido por alguien de la empresa? Dejando de lado las consideraciones estratégicas y de oportunidad, que escapan a nuestro tema, resulta útil analizar esta elección desde el punto de vista de la eficacia con respecto al tratamiento del problema.

El cuadro 3.1. presenta de manera sintética, la situación del consultor en relación con los diferentes aspectos ligados al análisis de la primera demanda, según que el consultor sea externo o interno.

Situación del consultor con respecto:	Interno	Externo
Al conocimiento de la empresa	Sólida	Endeble o nula
A la situación planteada	Comprometida	Neutra
A los protagonistas	Cercana	Distante
A los que financian	Dependiente	Independiente
A las consecuencias de la acción	Directa	Indirecta

Por el mismo hecho de estar próximo al lugar donde se plantea el problema, el consultor interno tiene la ventaja de poseer más información, pero también mayor riesgo de pasar por alto situaciones que, por ser habituales, no le llaman la atención. El problema del consultor externo es su falta de un conocimiento profundo de la situación y de los protagonistas. Esta dificultad puede revertir a su favor, gracias a una estrategia de implicación de los miembros de la empresa en el proyecto, en cuanto fuente de información e interlocutores aptos para avalar sus propias observaciones.

FICHA–METODO

**RECOMENDACIONES DE UN
CONSULTOR EXTERNO**

— En los primeros contactos, ir de a dos.
— Antes del primer contacto, tratar de reunir información acerca de la unidad involucrada, la empresa y la rama de su actividad.
— Definir las condiciones con los interlocutores.
— Escribir en cada etapa, para luego verificarlas, impre-

---

siones y conclusiones provisorias, lo cual permite disponer de una herramienta de comunicación con el cliente.

— Establecer instancias de contacto y de trabajo en común (grupo de coordinación: citas con intermediarios; reuniones de balance) para evitar ser visualizado como subcontratado o proveedor.

— Estimar el grado de apertura de la empresa a propuestas innovadoras.

— Involucrar a los usuarios (jefaturas) en la concepción de los objetivos operacionales de la acción de capacitación, y no en el marco teórico pedagógico.

— Redimensionar el problema en su contexto, dar cuenta de los hechos y trascender lo subjetivo.

— Saber rechazar un proyecto.

— Diversificar los contactos para conocer mejor el contexto, con el acuerdo del cliente.

— Mostrar capacidad de comprensión formulando buenas preguntas más que dando respuestas cerradas.

— No expresarse en términos de deficiencias sino en términos de desarrollo.

— En la empresa, buscar el contacto con los niveles más altos posible.

— Aportar información sobre el tema.

FICHA–METODO

EL CONSULTOR ES INTERNO

— El terreno es conocido.
"Cambie su punto de vista, salga del cuadro para ver mejor."

— El servicio de capacitación y su responsable tienen una imagen.

"Trate a sus colegas como a clientes."
— La demanda se sitúa en una circunstancia.
"Detecte a los protagonistas y al escenario."
— Cada protagonista tiene una posición frente al problema que se trata de resolver.
"Descubra sus expectativas y eventuales réditos."
— El cliente tiene una dificultad y espera su ayuda.
"Trate de detectar cuáles son las expectativas del cliente con respecto a usted."
— La respuesta a la demanda requiere conocimientos epecíficos.
"Saque provecho de sus conocimientos para poner al descubierto y revalorar los recursos propios de la empresa."
— La dificultad que origina la demanda seguramente es percibida de modo diferente según las personas.
"Diversifique sus contactos después de haber obtenido el acuerdo de su cliente."
— Al comienzo, generalmente es difícil identificar el problema.
"Prepare sus reuniones; una lista de preguntas abiertas ayuda a desbrozar el terreno."
— El problema que se va a tratar aparece, seguramente, como una parte de un proyecto global.
"Refiérase a un logro y marque la distancia que hay que recorrer."
— El cliente posee mucha más información de la que él mismo supone.
"Utilice el escrito para facilitar el diálogo."

3.3.2. El posicionamiento del consultor

Por otro lado, el consultor, sea interno o externo, también se encuentra frente a una elección con respecto a su posicionamiento:

— en relación con su cliente: ¿proveedor o consultor?
En la situación de proveedor, se espera de él una respuesta puntual, basada generalmente en un producto existente cuyos resultados son conocidos. El inconveniente es el riesgo de minimizar la especificidad de la situación.
La actitud del consultor parte de la hipótesis de que una demanda manifiesta puede ocultar otra, demasiado imprecisa o desconocida como para ser detectada en un primer abordaje. La verificación de esta hipótesis (ya sea confirmada o refutada) permite garantizar que se ha comprendido la demanda. Esta actitud implica el reconocimiento, por parte del cliente, de la influencia del consultor, a fin de que pueda establecerse un diálogo y posibilitar una elaboración a medida.

— en relación con el proyecto: ¿artesano o jefe de proyecto?
Si el responsable de capacitación (de la empresa o el consultor externo) utilizan su bagaje profesional para formular buenas preguntas que faciliten la identificación del problema, la percepción del origen de la demanda y la descripción del entorno, nos encontramos frente a una actitud de asesor.

En esta situación ya no es el artesano que responde a una pregunta desde su propia especialidad (en este caso la pedagogía), proponiendo un producto ya existente, o adaptándolo, sino que se convierte en el jefe del proyecto que trata la demanda como un problema por resolver y como base de un proyecto por elaborar. Desempeña el rol de jefe de línea, aprovechando sus propios conocimientos para hacer converger los aportes necesarios (punto de vista del organizador, del técnico, del operativo, del interlocutor) para la elaboración de la respuesta bajo la forma de proyecto de acción.

FICHA–METODO

TRES ENFOQUES PARA UN DIAGNOSTICO

1. El enfoque "experto"

— Las principales características
Su cliente es, en general, el dirigente de más alto nivel. Este enfoque plantea una relación personalizada entre el consultor y su cliente, en la que la notoriedad del consultor es un importante factor en el proceso de comunicación.

— El rol del consultor
Se espera de él un comportamiento similar al del médico; ya que se descuenta que sabe, aportará respuestas. La meta del consultor es realizar un diagnóstico y recomendaciones para la acción. Contar con experiencia personal es fundamental, aun cuando se admita cierta tendencia a ubicar los casos en una tipología preestablecida.

— Los interlocutores

A excepción del dirigente de más alto nivel, se trata fundamentalmente de contactos para obtener información.

— El producto

El informe final incluye el diagnóstico y presenta recomendaciones para resolver el problema.

— Las herramientas

Incluyen reuniones, estudio de documentos, encuestas, observaciones en el terreno.

— Las condiciones favorables

Mencionaremos la reconocida notoriedad del consultor, empresas marcadamente centralizadas, una personalidad muy potente del dirigente de más alto nivel.

— Las limitaciones

Este enfoque parece detenerse en la producción del diagnóstico y sólo excepcionalmente se interesa en las condiciones de su aplicación. Existe riesgo de rechazo del diagnóstico por parte de quienes deberán aplicarlo.

2. El enfoque "consultor"

— Las principales características

Se trata de un trabajo conjunto del consultor externo con diferentes niveles jerárquicos de la empresa.

— El rol del consultor

Formular buenas preguntas. Sus conocimientos son la base de un comportamiento analítico frente a la situación, a fin de delimitar su especificidad. "No hay enfermedades sino enfermos." La meta del consultor es lograr que las personas involucradas participen en la búsqueda de soluciones. Se esfuerza por trabajar en colaboración con todos los niveles de la empresa, de manera que los resultados obtenidos, es decir, el diagnóstico y las medidas de mejora sugeridas, sean el producto de un consenso.

— Los interlocutores

Son contactos en los diferentes niveles jerárquicos de la empresa y personas ajenas a ella dentro de los límites fijados en el contrato.

— El producto

Cada etapa es puntualizada por escrito e incluye recomendaciones de acción. Se realizan ajustes de acuerdo con los acontecimientos ocurridos en el terreno.

— Las herramientas

Incluyen reuniones, estudio de documentos, observaciones en el terreno, pequeñas encuestas, un trabajo en grupo con diferentes protagonistas y con un grupo de coordinación.

— Las condiciones favorables

Un consultor que no brinda inmediatamente respuestas y soluciones; un cliente que acepte el diálogo y cierto grado de cuestionamiento de sus perspectivas; una situación sin bloqueos en las relaciones entre los niveles jerárquicos, los diferentes sectores y las contrapartes sociales.

— Las limitaciones

Existe riesgo de pérdida de control del proceso.

3. El autodiagnóstico

— Las principales características

El interesado (individuo o grupo) realiza el diagnóstico de la situación. La participación de todos los miembros de la empresa o de la unidad en la búsqueda de mejoras son testimonios de su interés. Requiere un amplio consenso; todos los protagonistas (dirección, jefatura, personal, organizaciones sindicales) deben comprometerse en la definición de las reglas del proceso para que éstas sean aceptadas. La meta de este enfoque es facilitar la elaboración y la aceptación de las recomendaciones para la acción. Exige una cuidadosa preparación, en primer término en la definición de las reglas de juego, luego en el perfeccionamiento de las habilidades de los participantes y finalmente, en la elaboración de los resultados.

— El rol del consultor

La animación de este enfoque es realizado por un grupo de coordinación con la participación del consultor. El rol del consultor es facilitar el funcionamiento del sistema y ayudar al grupo a arribar a conclusiones. Se espera de él la tutoría del proceso. Su meta es coordinar a los participantes para analizar el problema, es decir, para delimitar sus diferentes aspectos, para detectar los datos pertinentes y procesarlos. Su aporte es fundamentalmente metodológico.

— Los interlocutores

Son individuos y grupos: quien ha hecho la recomendación y el grupo de coordinación del proyecto en lo que se refiere a su elaboración; los participantes en la medida en que el consultor, a veces, debe realizar un trabajo de sensibilización y de capacitación.

— El producto

La principal meta es el montaje de un sistema de trabajo colectivo e individual que produzca análisis y recomendaciones para la acción. Serán productos intermedios: documentos de síntesis que puntualicen las etapas; fichas de trabajo para cada etapa. El producto final es el autodiagnóstico realizado por los interesados.

— Los herramientas

Incluyen trabajos en grupo, análisis de documentos, encuestas, entrevistas, asesoramiento personal, bibliografía.

— Las condiciones favorables

Se requiere una fuerte voluntad por parte de quien ha realizado la recomendación; buenas relaciones entre los niveles jerárquicos, por un lado, y las organizaciones sindicales por otro; un abordaje "metodológico" más que una colección de "recetas"; la neutralidad del consultor; capacidad de escucha, de negociación y de animación de trabajo en grupo por parte del consultor. Se requiere también una fuerte voluntad por parte de los interesados, conocimientos para procesar la información, capacidad de trabajo intelectual autónomo, de trabajo en grupo, de expresión oral y escrita.

— Las limitaciones
Este enfoque requiere mucho tiempo y depende excesivamente de acontecimientos externos.

Observaciones

— La decisión de adoptar uno de los enfoques no impide tomar en cuenta las ventajas ni las limitaciones de cada abordaje, ni las circunstancias concretas ni la voluntad del consultor. El voluntarismo es un riesgo que deberá ser evaluado.
— En operaciones complejas es posible utilizar diferentes enfoques en cada etapa del proyecto según las condiciones y las metas que el consultor se fije.

3.4. Definir la demanda

Esta etapa es fundamental ya que constituye el momento de relevamiento de información y de elaboración de los elementos que servirán como insumos para las sucesivas fases.

Debe apuntar a obtener los siguientes resultados, con respecto:

a) Al diagnóstico

¿Cuál es la situación inicial (problema detectado, protagonistas, réditos, expectativas, sensibilidad del entorno)? ¿Cuáles son los medios disponibles en la empresa, los puntos fuertes y los puntos débiles visibles?

b) A las condiciones de contratación

Los objetivos y la expectativas con respecto al proyecto, ¿se expresan de manera precisa como resultados que se descuentan? ¿Cuál es la población involucrada y cuál es la población–meta? ¿Cuáles son los criterios para seleccionar a las personas que serán capacitadas? ¿Cuáles son las medidas de apoyo? ¿Cuáles son las restricciones de tiempo (plazos, períodos favorables) y otras que hay que respetar? ¿Cuáles son los recursos humanos y materiales que se movilizarán? ¿Cuáles son los criterios y los medios para evaluar los resultados?

c) A la clarificación de los roles

¿Cuáles son las responsabilidades asumidas por la dirección general, el servicio de capacitación, el cliente, los beneficiarios, el consultor externo, etcétera?

Finalmente, debe brindar una idea global de las condiciones materiales y humanas con las cuales habrá que contar tanto para iniciar el proyecto como para alcanzar los objetivos fijados.

FICHA–HERRAMIENTA

DELIMITAR LOS ASPECTOS DE LA SITUACION

¿Para el logro de qué metas?

— Objetivar rápidamente la información recogida, en especial en las reuniones y encuestas en las que las expresiones subjetivas (opiniones, apreciaciones, impresiones) ocupan, a veces, un importante lugar.

— Obtener una representación de la situación que se transforme en una herramienta de comunciación con el cliente, para llegar a una imagen compartida de la situación, base de la demanda.

¿Cómo hacerlo?

1. Releer las notas personales, la información, las respuestas a las preguntas para discernir si se refieren a hechos o a opiniones.

2. Detectar a qué aspecto de la situación o del problema se vincula cada una de las fases (puntos de vista). Por ejemplo: "Cuando participo en una reunión de balance grupal, al finalizar un módulo, me siento emocionado por sus reflexiones". Esta apreciación se considera como un indicio de la inversión afectiva del responsable de capacitación. E incluso el hecho que: "El director general reuniese dos veces por año a todo el personal" se considera como "política de comunicación" y más tarde, integrada como sub–rama del aspecto "estrategia de la empresa".

3. A medida que se vayan identificando los aspectos y sub–aspectos, trazar con un lápiz sobre una hoja de papel, una recta para cada aspecto y sub-aspecto, dándoles la forma de un caracol.

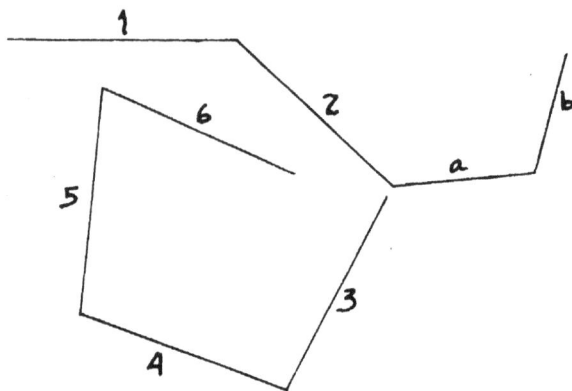

4. Identificar la información faltante.
5. Detectar la influencia o las relaciones de causalidad entre los diferentes aspectos.
6. Clasificar los aspectos según las posibilidades que tendrá el proyecto de actuar sobre ellos.
7. Ajustar periódicamente la primera formulación del caracol a medida que se disponga de nueva información, ya sea modificando los títulos de los aspectos y sub–aspectos, dando acceso a ciertos sub–aspectos al rango de aspecto, y viceversa, o bien, reagrupándolos de otro modo.

Observaciones

— Varias frases pueden referirse a un mismo aspecto.
— Cada aspecto puede presentar sub–ramas que se vinculan con partes del aspecto considerado.
— En el caso de trabajo individual, es conveniente que el consultor asuma, en forma rotativa, las posiciones de los diferentes protagonistas. Asimismo, le resultará útil presentar el problema a sus colegas y someterse a sus preguntas. Tales preguntas y sugerencias completan el conjunto de información para clasificar en el caracol.

¿Cuándo utilizarla?

— Cada vez que el consultor desee objetivar sus impresiones a lo largo del análisis.

¿Cuáles son las limitaciones de esta herramienta?

— Al detectar los aspectos del problema a partir de los puntos de vista expresados, permite eliminar en buena medida los riesgos de subjetividad, propios del hecho de que se trata de un individuo que interpreta la información disponible.
— La posibilidad de rehacer el caracol en diferentes momentos del proceso de análisis, ya sea ubicándose en diferentes posiciones con respecto al problema tratado, o bien trabajando grupalmente, aumenta considerablemente la confiabilidad de la herramienta.

FICHA–HERRAMIENTA

CLARIFICAR LAS ZONAS OSCURAS

¿Para el logro de qué metas?

— Identificar las zonas de acuerdo y de desacuerdo entre los protagonistas presentes en una situación.
— Detectar los temas sobre los cuales los protagonistas no se expresan.
— Analizar la coherencia entre la información y las opiniones de cada protagonista.
— Profundizar el análisis de cada aspecto y sub–aspecto.

¿Cómo hacerlo?

1. Una vez concluida la delimitación en aspectos y sub–aspectos, confeccionar un cuadro de doble entra-

da, ubicando verticalmente los aspectos y sub–aspectos, y horizontalmente, a los protagonistas.

Protagonistas Aspectos	Dirección	Jefaturas	Supervisión	Personal

1
2
  a
  b
 	
3
...				

2. Registrar en la línea correspondiente a cada aspecto y sub–aspecto, la opinión de cada uno de los protagonistas, en su respectivo casillero.
3. Detectar los casilleros vacíos para analizar las causas de la falta de información.
4. Para cada uno de los protagonistas, leer en columna el conjunto de respuestas a fin de verificar su coherencia y considerar las eventuales ausencias como pistas para investigar:
   • ¿Se ha comprendido mal?
   • ¿Se trata de una incoherencia? y en este caso:
   • ¿A qué se debe?
5. Leer cada línea (sub–aspectos y aspectos) para identificar las zonas de acuerdos y de desacuerdos.
6. En los casos de acuerdos, extraer conclusiones para la formulación del problema y para la determinación de los posibles ejes de acción.
7. En los casos de desacuerdos investigar las razones precisas (por ejemplo: la existencia del problema o su formulación; los objetivos a alcanzar; los medios de

acción eficaces) y, en la medida de lo posible, elaborar propuestas para superarlos.

¿Cómo utilizarla?

— Después de la utilización de la ficha: "Delimitar los aspectos de la situación".
— En el caso en que un asunto no aparezca suficientemente tratado.

¿Cuáles son las limitaciones de esta herramienta?

— Se trata de una observación puntual ubicada en el tiempo y en relación con una determinada situación.

CAPÍTULO 4

ELABORAR UN PROYECTO REALISTA

Desde el punto de vista de la capacitación, el potencial educativo de las situaciones profesionales y los recursos propios de la empresa son medios utilizados sólo parcialmente en la elaboración de proyectos realistas.

4.1. Concebir el sistema de acción

Esta etapa constituye el pasaje de la percepción de la situación −tal como lo expresa el diagnóstico− a la solución del problema descrito. Se caracteriza por una importante dosis de creatividad por parte del consultor. Este deberá encontrar el medio para resolver la dificultad detectada, utilizando su experiencia, sus conocimientos y su perspicacia.

La tensión entre el sistema de valores de la empresa, por un lado, y el del consultor por otro, se suma a la divergencia entre intuición y enfoque racional. Ahora bien, estos dos modos de actuar no son, en absoluto, opuestos; más bien se complementan, en la medida en que apuntan a la misma finalidad: los objetivos de la actividad. Asimismo se requiere una compatibilización de valores para que la actividad pueda iniciarse. En consecuencia, el trabajo del consultor incluye la obtención de un adecuado equilibrio entre estos cuatro polos, y el avance del proyecto se realiza paso a paso, por un proceso de verificación de hipótesis, merced a permanentes intercambios entre el terreno y los protagonistas.

Las fases de esta etapa son:

— La determinación de las metas y los objetivos de la actividad.
— La concepción del sistema de acción capaz de alcanzar las metas y los objetivos fijados para la operación.
— La identificación de varias soluciones que respondan al problema planteado y descrito en la etapa de análisis.
— El análisis de las alternativas antes de la elección.
— La formalización de la operación (medios, planificación, plazos).
— La implicación de los interesados a través de un proceso de comunicación del consultor con los diferentes protagonistas.
— La definición de las condiciones de éxito de la operación.

FICHA–SITUACION

MISION DE LA CAPACITACION Y
PROYECTOS EMPRESARIOS

Al comienzo se trataba de una demanda trivial...

El punto de partida era una demanda de la dirección comercial de una gran empresa de distribución para capacitar a sus vendedores (en realidad, agentes regionales que trabajaban con concesionarios) en habilidades para la comunicación y la negociación.

El responsable de capacitación de la firma había analizado esta demanda y la había ampliado: se transformó así en una demanda de un programa mixto para los vendedores y el personal de la sede central. Se elaboraron las condiciones de contratación y luego se lanzó una convocatoria de ofertas.

Antes de comenzar la capacitación, habíamos realizado una miniinvestigación que reveló que los jefes y los directivos de la empresa no tenían los mismos objetivos: la dirección comercial tenía uno, muy claro, para sus vendedores, pero los jefes de la sede central participarían en el programa sólo como observadores, para detectar fallas, para ver cómo se comportaban "los energúmenos de la venta". Esto nos planteaba un gran problema, ya que sabemos que si en la capacitación no se comprometen todos, no hay ninguna posibilidad de éxito.

... En el marco de un proyecto de descentralización...

Por lo tanto, solicitamos un encuentro con la dirección general para tratar de delimitar los ojetivos con mayor precisión. Nos dimos cuenta de que la dirección general tenía pendiente un proyecto de descentralización. Cada región debía transformarse en un polo de responsabilidad y de decisión. ¿Sería necesario tratar los problemas de co-

municación de la empresa desde el punto de vista sicoso-
ciológico, o bien, explorar el entorno para detectar los
cambios que podrían influir en esta situación?

**... Transformando las diferentes actividades
de la empresa**

La exploración del entorno permitió comprobar la
evolución que se produciría en las diferentes actividades
como consecuencia de la regionalización: agente regional,
concesionario, corresponsal, personas de la sede central.
Esta operación de exploración y de reflexión no podría realizarse desde el exterior; había un tramo del camino que
debía ser recorrido con las personas de la empresa: servicio de capacitación, grupo que financiaba, diversos servicios operativos y funcionales.

Este enfoque permitió ampliar la demanda inicial en
términos de contenidos y de metas en la medida en que
aparecía como un elemento del proceso de descentralización encarado por la empresa. En el marco de este proyecto, los objetivos de las diversas direcciones, diferentes
entre sí, adquirirían sentido. La capacitación sería la oportunidad para hablar con las personas del proyecto de la dirección general y de hacerlas reaccionar frente a él.

La descentralización imponía otros modos de comportamiento en el trabajo: iniciativa, capacidad de delegar,
análisis colectivo de los problemas, capacidad de destacar
la información significativa y de establecer con la sede
central otros modos de intercambio.

**El proyecto de capacitación se convierte
en una herramienta estratégica para el cambio**

Fuimos llevados a conformar un grupo de coordinación que debía negociar estos objetivos y jerarquizarlos,
tratar los problemas que la capacitación priorizaba y que

además, por su sola presencia, debía demostrar que la empresa valoraba a la capacitación.

Para que esto funcionara y pudiese garantizar un seguimiento de la capacitación, era necesario involucrar a las jefaturas, las que debían desempeñar un rol de relevo educativo.

Era necesario llegar a conectar la capacitación con el proyecto de la empresa. En el fondo, la capacitación lleva al individuo a desarrollar sus capacidades, a manifestar deseos de progreso; pero si no encuentra en la empresa un proyecto que concuerde la capacitación pierde muy rápidamente su eficacia. Para esta acción de capacitación organizada como un sistema que implicaba a los niveles jerárquicos, quisimos lograr coherencia entre los objetivos, la organización de la capacitación y el proyecto de la empresa. A partir de ese momento era posible esperar que la capacitación fuese el catalizador que permitiera la realización del proyecto en su totalidad.

Algunas enseñanzas

— No quedar encerrado en la primera demanda formulada en las condiciones de contratación; negociar los objetivos.
— Subordinar la capacitación a los objetivos operativos de la empresa.
— Los pasos previos a la capacitación comprenden tres elementos: una investigación, la constitución de un grupo de coordinación y la definición de su rol y la valoración del rol educativo de las jefaturas.
— La capacitación es eficaz si las jefaturas aceptan sus objetivos.
— Involucrar a los jefes directos para garantizar el seguimiento.
— Si se desea que la capacitación logre el cambio de los individuos, hay que mostrar que la empresa también cambia y que se compromete.

113

— La capacidad puede poner al descubierto contradiccio-
nes entre lo deseable y los medios de control existentes (por ejemplo: valorar la calidad del vínculo con los
vendedores y hacerles llenar planillas de empleo de su
tiempo). El grupo de coordinación es la instancia que
debe tratar estas incoherencias.

4.2. Proponer un enfoque controlable por el cliente

— Concepción del anteproyecto

La función del anteproyecto es proponer una
respuesta sobre la factibilidad técnica, económica,
social y política del proyecto. Se trata de un instrumento de trabajo entre el consultor y el cliente que
permitirá arribar a la definición de la operación por
sucesivos ajustes.

Incluye:
- el problema al comenzar el proyecto, tal como ha
  sido reformulado después del análisis, en el diagnóstico,
- la definición de los fines, de la razón de ser del
  proyecto, por ejemplo: satisfacer la demanda de
  electrodomésticos en la empresa,
- las metas por alcanzar, por ejemplo: transformar a
  mecánicos y electricistas en electromecánicos,
- la población involucrada,
- la selección de la metodología que se aplicará, por
  ejemplo: programa de inmersión; programas de
  capacitación; tutorías,
- la estimación de los recursos humanos y materiales.

– Elaboración del proyecto analítico

El proyecto analítico es el resultado de intercambios realizados sobre la base del anteproyecto, en los cuales es conveniente asociar a los servicios cercanos a aquél en el que tendrá lugar la operación, a la jefatura directa de los participantes y, en la medida de lo posible, a los mismos participantes. Representa la decisión tomada frente a las soluciones alternativas y posibles, es decir, un compromiso entre aspiraciones y recursos.

Incluye:
• retomar los fines, metas y objetivos
• la población involucrada
• el dispositivo de acción y los plazos
• los recursos que se movilizarán
• los criterios de evaluación y el mecanismo de la misma

FICHA–METODO

IMPLICACION DE LOS PROTAGONISTAS

La demanda provenía del responsable de capacitación de una filial de una gran empresa de avanzada en su producto en el plano internacional: se trataba de un proyecto de escuela interna para el nivel supervisión.

El origen de esta demanda se vinculaba con la evolución de la firma, el nivel de competencia técnica que había que mantener, las exigencias de fabricación, la previsión de interacciones más frecuentes con los servicios funcionales y la búsqueda de un nuevo estilo de conducción.

Los dos consultores encargados de la operación se

---

decidieron por la elaboración conjunta del proyecto con los beneficiarios y el financista. He aquí el desarrollo de las operaciones:

Enero de 1982: Constitución de un grupo de coordinación con los responsables de los departamentos.
Meta: Responder al conjunto de las jefaturas con respecto al proyecto de la escuela.

Febrero de 1982: Encuesta a los integrantes del grupo de coordinación; toma de contacto con la supervisión; función y población; percepción de la capacitación y de los ejes de desarrollo. Se solicitó a los entrevistados que propusieran una lista de personas capaces de ampliar la consulta.
Metas: Explorar la demanda y el problema; detectar los recursos disponibles y las dificultades; lograr acotar los objetivos y los ejes de avance.

Marzo de 1982: Reunión del grupo de coordinación para tomar conocimiento del informe de la encuesta y decidir la consulta a los colaboradores.
Metas: Evaluar los resultados de la encuesta; tomar las decisiones que correspondan.

Abril–mayo de 1982: Encuesta a la lista de personas para consultar (27), para describir el rol operativo de la primera línea de mando, el actual y el esperado. En esta descripción se han diferenciado los aspectos permanentes de la función y las características operativas propias de los diversos sectores, y también la dinámica de las relaciones.
Meta: Identificar el producto final esperado.

Junio de 1982: Reunión del grupo de coordinación, con la presentación de los resultados de la encuesta ante los colaboradores y de una guía de reflexión para fijar los lineamientos del proyecto. Los temas propuestos fueron: retomar las metas; habilidades para desarrollar; recursos pedagógicos; recursos institucionales.

Metas: Evaluar los resultados de la consulta; obtener mandato para avanzar en el estudio del proyecto del sistema de capacitación.

Setiembre de 1982: Reunión del grupo de coordinación con presentación del proyecto completo.

Metas: Evaluar el proyecto analítico; analizar las condiciones de éxito.

4.3. Valorar los recursos de la empresa

A partir de esta fase de la operación el consultor asume dos roles: por un lado, el de jefe de proyecto, y por otro, el de diseñador del sistema de acción. Para el primero, le cabe la responsabilidad de conducir correctamente el conjunto del proyecto, es decir, garantizar la colaboración armónica entre su equipo (a veces integrado por especialistas de diversas disciplinas) y el cliente. Su mirada se fija en el entorno, a fin de facilitar la aceptación de las soluciones propuestas. Es fundamentalmente político, y se ubica permanentemente en una perspectiva estratégica.

En cuanto diseñador, se esperan de él soluciones realistas; su creatividad, su experiencia y su pericia son piezas clave en el esfuerzo de búsqueda de la solución más eficaz. La voluntad de innovación y la imaginación son útiles en la medida en que —aun conservando cierto grado de libertad— se confronten regularmente con la realidad y sean avaladas por los diferentes protagonistas. La finalidad de este enfoque es la acción, teniendo en cuenta las propuestas adaptadas a los objetivos fijados y a la situación inicial.

En el caso de proyectos de alcance limitado, resulta difícil para un mismo consultor asumir adecuadamente ambos roles a la vez. El control externo de un colega, de tanto en tanto, constituye un interesante reaseguro. (Ver Ficha-herramienta: S. O. S. consultor)

Como jefe de proyecto deberá:

— Garantizar las relaciones con el "sistema cliente" a través de diferentes medios: la propuesta; las notas de trabajo para evaluar los hechos y las hipótesis; los informes de las entrevistas o reuniones; el informe de avance y el informe final; un documento de síntesis, etcétera.

— Ofrecer un marco organizativo y conceptual de trabajo para facilitar el aporte de los diferentes protagonistas, por escrito o en reuniones.

— Mantener la coherencia del proyecto entre los tironeos de los especialistas, los usuarios y los diseñadores; los diferentes protagonistas; lo inmediato y lo mediato o previsto.

Como diseñador deberá:

— Mantener el equilibrio entre el voluntarismo (su pasión, las innovaciones que desearía intentar) y el "conservadorismo" del cliente (en especial, "no hacer olas").

— Tomar en cuenta los recursos propios de la empresa.

— Antes de decidir la solución que va a proponer, considerar las soluciones alternativas como hipótesis de trabajo.

- Ser fiel a sus objetivos, pero no encasillarse en una sola hipótesis de solución.
- En el análisis de las conclusiones, mantener un estrecho contacto con el terreno.

FICHA–HERRAMIENTA

ANALICEMOS LOS ASPECTOS DEL PROBLEMA

¿Para el logro de qué metas?

— Organizar el proceso de análisis y de decisión.
— Reducir, sin excluirlo, el peso de la intuición y la subjetividad.
— Evitar la rigidez de pensamiento.

¿Cómo hacerlo?

1. Ver en el capítulo 3 la aplicación de la ficha "Delimitar los aspectos de la situación" en la que se llega a la descripción de los problemas a través del inventario de sus aspectos.
2. Partiendo de la formulación del problema en términos de aspectos y subaspectos, la meta de esta etapa es comprender la situación descripta. Se trata de buscar las razones, las causas, las hipótesis que puedan plantearse acerca de los orígenes de la situación actual.
   a) En grupo, la técnica "torbellino de ideas" resulta útil para reunir un importante número de ideas en poco tiempo y procesarlas de acuerdo con sus reglas.
   b) Individualmente, conviene aplicar el desempeño de roles (role–playing) para reaccionar a partir de los puntos de vista de los protagonistas identifica-

---

119

dos en la situación, y las reglas del torbellino para la producción y el procesamiento de las ideas.

3. El conjunto de ideas recogidas es procesado en función de los datos disponibles para plantear las hipótesis de trabajo que deben ser verificadas, que permitirán, en su momento, mejorar el diagnóstico y servirán de base para la búsqueda de soluciones. Un uso secundario, pero no por ello menos fructífero, es el aprovechamiento de ciertas ideas nuevas que impactan al consultor por su manera insólita de clarificar el problema.

4. La meta de la última etapa es responder a la pregunta: ¿Qué hacer? Incluye la búsqueda de varias soluciones en una primera etapa, para evitar la influencia propia del voluntarismo y de la formación específica —siempre limitada— del consultor.

    El bosquejo de varias soluciones facilita el barrido del campo de lo posible, obliga al diseñador a un análisis profundo de cada una de ellas en función de sus costos, ventajas y condiciones necesarias para la implementación. Esta exploración es una especie de reaseguro, ya que permite evitar los riesgos derivados de perspectivas individuales o profesionales, y facilita la invención de soluciones realistas adaptadas al terreno y a las circunstancias. Para realizarlas, se puede confeccionar una matriz de reflexión con los criterios de elección identificados, que se presenta en el cuadro 4.1.

Soluciones Criterios de análisis	A	B	C	D	Soluciones adoptadas
Adaptación a las metas					
Plazo de puesta en marcha					
Prerrequisitos del entorno					
Costo de la inversión					
Recursos internos utilizables					
Posibles efectos en el entorno					

5. Calificar cada solución (por ejemplo: poco; bastante; mucho) con respecto a los criterios adoptados y decidirse por las soluciones más ventajosas.
6. Luego de haber seleccionado las dos mejores soluciones, conviene probarlas y extraer conclusiones antes de decidir cuál de ellas será adoptada.

Observaciones

— Este proceso —que comienza con la representación de la situación, pasa a la formulación del problema, para indagar luego las causas, antes de proponer soluciones tentativas— debe ser considerado como un proceso iterativo.
— Las formulaciones y las eventuales soluciones deben ser consideradas, en primer término, como hipótesis de trabajo cuya verificación es una de las tareas del consultor.
— Es importante ser consciente de que el sistema de valores del consultor interviene como filtro, tanto en la percepción de la información como en la elección de las soluciones. Explicitarlo —en primer lugar, para sí mismo y cuando sea necesario, para el cliente— es

una exigencia para controlar el grado de subjetividad de la actividad del consultor.

— Los contactos sistémicos con el "sistema cliente" permiten convalidar estas hipótesis como hitos que señalan el avance de la reflexión y del proyecto.

¿Cuándo utilizarla?

— Cuando se ha concluido la fase de análisis de la demanda y se dispone de un diagnóstico.
— En el momento de la búsqueda de soluciones, antes de decidir la propuesta de métodos y recursos.

¿Cuáles son las limitaciones de esta herramienta?

— La inversión en tiempo.
— La composición del grupo de consultores (es deseable la heterogeneidad).
— La capacidad del consultor y la de sus colegas para evitar ser esclavos de sus respectivas especialidades y habilidades.

FICHA–HERRAMIENTA

S. O. S. CONSULTOR

¿Para el logro de qué metas?

— Obligarse a organizar las ideas de un modo comunicable.
— Poner a prueba la percepción del consultor con respecto a la situación.
— Aprovechar los conocimientos y las experiencias de los colegas.
— Entrenarse en la reflexión rápida y en la transferencia de habilidades.

— Facilitar los intercambios profesionales en el seno de un equipo.

¿Cómo hacerlo?

1. Presentar el estado del proyecto, tal como está, frente un grupo de colegas, durante un corto tiempo (10 minutos como máximo).
2. Durante un breve período de reflexión personal (algunos minutos) los participantes formulan individualmente y por escrito sus preguntas. El expositor registra las preguntas que esperaba.
   a) Los participantes reaccionan haciendo preguntas, dando testimonios de experiencias, haciendo referencias varias, asesorando, recomendando; el expositor no está comprometido más que a tomar nota. Se reserva toda la libertad sobre las decisiones que adoptará
   b) Si se dispone de poco tiempo, las preguntas pueden transmitirse por escrito al interesado.
   c) Si se dispone de más tiempo (mínimo una hora) es posible:
      — escuchar las respuestas del expositor y comentarlas
      — darle un tiempo de reflexión y preguntarle cuál es su reformulación de la situación luego de haber escuchado las preguntas y reacciones de sus colegas
3. Una vez finalizada la reunión, comparar las preguntas esperadas con las preguntas formuladas; generalmente, las diferencias constituyen pistas para una reflexión más profunda.
4. Aprovechar las notas tomadas para una reformulación del problema.
5. Decidir acciones:" búsqueda de información complementaria; verificación de las hipótesis ante los protago-

nistas; consulta a especialistas; medidas para restablecer una situación comprometida, etcétera.

Observaciones

— Esta técnica también puede ser utilizada a través de un soporte escrito, provisto por el interesado, y de respuestas escritas.
— Requiere un tiempo mínimo de una hora de trabajo por cada proyecto.
— En un primer momento puede resultar frustrante, ya que pueden no aparecer nuevas soluciones. Pero aporta al interesado, sin restricciones, una perspectiva no contaminada de la cual puede obtener provecho.
— Esta técnica también puede ser utilizada para integrar y formar a los nuevos miembros de un equipo, en la medida en que se pueden tomar contacto con métodos de trabajo, observar la dinámica del grupo y participar con su propio bagaje.

¿Cuándo utilizarla?

— Durante el desarrollo, cada vez que se planteen dudas acerca de la propia percepción de la situación o de la marcha del proyecto.
— Cuando hay dificultades con el cliente.

¿Cuáles son la limitaciones de esta herramienta?

— La competencia entre colegas debe manejarse adecuadamente.
— Es una herramienta de exploración, de búsqueda, y no de decisión.

FICHA–MÉTODO

INVENTARIO Y ANALISIS DE LOS RECURSOS EDUCATIVOS

¿Para el logro de qué metas?

— Revalorar la pluralidad de recursos que pueden ser utilizados en una acción de capacitación.

— Facilitar la combinación de esta multiplicidad en un mecanismo de acción.

— Aportar elementos para elaborar una estrategia de capacitación que contemple la pluralidad de:
  • los medios (módulos, programas de inmersión, etcétera);
  • las influencia (animadores, tutores, especialistas, responsables jerárquicos, etcétera);
  • lugares (salas de reunión, oficinas, etcétera);
  • tiempos (capacitación, observación, análisis, aplicación);

— Salir de la solución única "curso en sala".

¿Cómo hacerlo?

1. Inventario de recursos

La lista que figura a continuación no es exhaustiva; permite una visión global de los medios. En conveniente completarla en cada caso concreto.

  • Módulos: centrados en conocimientos y temas precisos, bajo la forma de cursos en aula.
  • Programas de inmersión: presencia en sectores de actividad diferentes del servicio que originó la demanda, para períodos cortos y bajo la forma de observación.
  • Sesiones de intercambios: reunión del grupo de participantes para ajustes a intervalos regulares y puesta en común de los aprendizajes.

- Trabajos personales: estudios consistentes en mini-investigaciones, que genera propuestas de acción.
- Tutoría: un jefe (que no puede ser el del interesado) se pone a disposición del participante para ayudarlo a resolver los problemas.
- Visitas y misiones fuera de la empresa.
- Aprendizaje en el puesto de trabajo.

2. Los criterios de clasificación

2.1. Criterios estratégicos
- Grado de control del diseñador sobre el contenido y los métodos empleados.
- Posibilidad de evaluación precisa del aprendizaje.
- Grado de apertura a los otros componentes.
- Efectos a corto plazo.
- El cuadro de recapitulación 4.2. presenta la síntesis de los aspectos estratégicos.

Aspectos / Recursos	Grado de control sobre		Posibilidad de evaluación precisa del aprendizaje	Grado de apertura a los otros componentes	Efectos a corto plazo
	El Contenido	El Método			
Módulos	alto	alto	alta	medio	Varían según el marco pedagógico
Programas de inmersión	medio–bajo	bajo	media	medio	Apertura con respecto al entorno
Sesiones de intercambio	bajo	alto	media–baja	alto	Enriquecimiento a través de testimonios
Trabajos personales	medio	alto	alta	alto	Favorecen la autonomía
Tutoría	bajo	medio	baja	medio	Afianzar. Estimular
Visitas, misiones fuera de la empresa	medio–bajo	medio	alta	alto	Confrontación, acción autónoma
En el puesto de trabajo	medio–alto	medio–alto	alta	bajo	Relación con la práctica

2.2. Criterios pedagógicos

- Rol del animador
- Grado de formalización de los contenidos
- Métodos de trabajo dominantes
- Grado de participación de los cursantes

Aspectos / Recursos	Grado de participación de los cursantes	Grado de formalización del contenido	Métodos de trabajo predominantes	Rol del animador
Módulos	En función del marco pedagógico	medio–alto	En función del marco pedagógico	En función del marco pedagógico
Programas de inmersión	bajo–medio	bajo–medio	Individuales empíricos observación	Asesoramiento
Sesiones de intercambio	alto	bajo–medio	Individuales Grupo	Ayuda a definir objetivos, propone métodos
Trabajos personales	alto	medio–alto	Encuesta	Asesoramiento métodos
Tutoría	alto	bajo	Diálogo	Asesoramiento tutorial
Visitas, misiones fuera de la empresa	alto	bajo–medio	Encuesta Observación Síntesis	Asesoramiento métodos
En el puesto de trabajo	alto	medio–bajo	Empíricos	Asesoramiento métodos

¿Cuándo utilizarla?

— En el momento de elegir los recursos o las modalidades para un proyecto de capacitación.

¿Cuáles son las limitaciones de esta herramienta?

— Las características (imagen, maniobrabilidad) de los diferentes recursos en el entorno en el que deberán actuar.

— Las exigencias que cada uno de estos medios plantea a los participantes:

* los módulos: movilización de las capacidades intelectuales
* los programas de inmersión: situarse en el nuevo entorno y decidir un plan de observación
* las sesiones de intercambio: actitud de escucha, capacidad para extraer conclusiones
* tutoría: la capacidad de comunicación entre dos interlocutores
* las visitas y misiones: elaborar un plan de observación, capacidad de escucha, producir recomendaciones.
* en el puesto de trabajo: romper la rutina.

FICHA–HERRAMIENTA

¿COMO ELEGIR UNA ACCION CUANDO LOS RESULTADOS NO SON CUANTIFICABLES?

¿Para el logro de qué metas?

— Objetivar el valor de acciones de capacitación cuyos resultados no sean directamente cuantificables como por ejemplo, los recursos sobre relaciones humanas o sobre actitudes.

— Definirse entre medios o acciones que compiten entre sí.

¿Cómo hacerlo?

1. Identificar tres criterios adecuados (por ejemplo: oportunidad con respecto a un acontecimiento; prerrequisitos de los participantes; sensibilidad de la conducción).
2. Establecer tres niveles de valores y calificarlos de tres a uno en orden decreciente.

3. Elegir como evaluadores a diferentes protagonistas para que apliquen los criterios seleccionados y se pronuncien sobre las acciones (por ejemplo, dirección general; conducción superior; jefe directo; instructor; responsable de capacitación; participación).

4. Para tomar la decisión, sumar los puntos asignados por cada grupo de evaluadores a cada medio, y comparar. La opinión de los evaluadores puede obtenerse individualmente o en una reunión.

¿Cómo utilizarla?

— En el momento de elegir los medios.

Ejemplo de aplicación para decidir con respecto a la implementación de una acción de capacitación

1. Pertinencia del objetivo de la acción de capacitación
   Es evaluada por tres instancias. Por ejemplo: dirección general, responsable del servicio en el cual se desarrolla la capacitación y un responsable operativo:

Indispensable	3
Util	2
Relativamente útil	1

2. Aplicabilidad de la capacitación
   Es evaluada, por ejemplo, por el responsable de la unidad; por los participantes y por la conducción:

Total	3
Parcial	2
Mínima	1

3. Calidad de la capacitación
   Es evaluada, por ejemplo, por los participantes; por la jefatura inmediata; por los responsables de capacitación:

Muy útil	3
Puede resultar útil	2
Poco útil	1

4. Cuadro de recapitulación

Acción	Pertinencia	Aplicabilidad	Calidad	Resultado
A	3	2	2	1
B	2	2	2	2
C	1	1	3	3

FICHA–HERRAMIENTA

**AVERIGÜEMOS EL POTENCIAL EDUCATIVO
DE UNA SITUACION PROFESIONAL**

¿Para el logro de qué metas?

— Identificar modalidades de acción educativa (capaces de modificar el comportamiento) aún no percibidas.
— Detectar las posibiliades de utilización educativa de situaciones cotidianas.
— Preparar la incorporación de ciertos cambios de comportamiento deseados en el funcionamiento cotidiano de la empresa.

¿Cuál es su origen?

— Observaciones empíricas de cambios de comportamientos en los adultos que no encuentran explicación en acciones educativas formales (objetivos explícitos; presencia de animador o docente; metodología formalizada).
— Esta herramienta se basa en la hipótesis de la educa-

ción informal:[1] se producen efectos educativos en los participantes, independientemente de la voluntad de capacitar y del grado de formalización de los medios empleados; de allí deriva la noción de *potencial educativo* de una situación, en la medida en que los participantes pueden aumentar o mejorar sus conocimientos o cambiar su comportamiento.

¿Cómo hacerlo?

1. Las situaciones

Para explorar el potencial educativo proponemos la realización de situaciones de la vida profesional tales como:

- la asignación de tareas;
- el control de las tareas;
- la lectura de un procedimiento;
- las reuniones (de equipo y otras);
- las entrevistas con el jefe (cotidianas, anuales, etcétera);
- los contactos con otros servicios;
- las relaciones con los colegas;
- la participación en organismos representativos (sindicatos, obras sociales).

Se trata de detectar los elementos que condicionan el aprendizaje de los participantes en una situación dada.

2. Los aspectos para observar

a. El *nivel de competencia* de los participantes tiene en cuenta sus conocimientos con respecto al tema que se va a tratar en la situación considerada.

b. El *contenido* es el conjunto de temas que se tratarán en la situación considerada.

---

[1] A. Pain, Education informelle. Les effets formateurs dans le quotidien, L'Harmattan. Collection Défi, París, 1989.

c. Las *motivaciones* individuales revelan predisposiciones del individuo que determinan su grado de compromiso con la situación analizada.

d. Los *medios* empleados son las herramientas técnicas y los métodos empleados por el animador y los participantes.

e. La *"energía mental"* es el esfuerzo mental exigido por la situación, tales como la atención y la memoria, como también la duración de este esfuerzo.

f. El *objetivo* es lo que se espera de la situación analizada, la meta hacia la cual ha sido programada desde el comienzo. Puede ser definido con más o menos precisión según la estrategia de quien la conciba.

h. La *evaluación* se refiere a la situación en sí, en lo que concierne a su desarrollo, el logro del objetivo, la participación.

i. El *"costo sicológico"* es el esfuerzo que el individuo debe realizar en toda relación o comunicación ligada a valores y barreras de orden sicológico, incluye la reacción frente a la situación en sí misma, tal como ha sido definida (objetivos, contenidos, poder asignado, participantes, técnicas de animación).

j. Los *efectos* se refieren a las consecuencias durables (sobre el individuo, el grupo o el entorno) de la situación analizada, ya se trate de efectos inmediatos o futuros.

3. La guía de observación

a. Nivel de competencia de los participantes con respecto a los temas

Participantes / Nivel	1	2	3	4	5	6	7	8	9
Bajo									
Medio									
Alto									

b. Contenido de la situación
Fue:
— ¿Impuesto?
— ¿Aceptado?
— ¿Elegido?

	Bajo	Medio	Alto
Grado de novedad			
Grado de complejidad			

c. Motivación individual del animador de la situación (por ejemplo, supervisor) y del trabajador.

	Animador	Participante
Repliegue		
Compromiso		

d. Medios

	Impuestos	Aceptados	Elegidos
Exposición,			
Testimonios			
Simulaciones			
Explicación			
Lectura			
Discusión			

e. Energía mental de los participantes derivada de la situación analizada

	Baja	Media	Alta
Atención Memoria Duración			

f. Objetivo concreto de la situación analizada (presentado por el animador)

	Impuesto	Aceptado	Elegido
Información Análisis Toma de decisión Aprendizaje			

g. Metas a largo plazo
   Son:
      —¿Impuestas?
      —¿Aceptadas?
      —¿Elegidas?

	Alto	Medio	Bajo
— Grado de novedad			
— Grado de complejidad			

h. Evaluación

	A término	Diferida
Interna (participantes)		
Externa (otros)		

i. Costo sicológico para los participantes

	Alto	Medio	Bajo
Esfuerzo de comunicación			
Esfuerzo exigido por la situación			

j. Efectos

	Repaso	Aprendizaje
Inmediatos		
Futuros		

4. Síntesis

Para simplificar el análisis proponemos una división entre los comportamientos que estimulan la obediencia y la repetición, y los que se orientan hacia la participación y la autonomía.

El efecto educativo será

De autonomía si: De dependencia si:

El nivel de competencia es:

medio o alto   bajo

El contenido de la situación es:

aceptado o elegido   impuesto

La motivación individual es:
de inversión   restringida
Los medios empleados son:
aceptados o elegidos   impuestos
La energía mental es:
media   alta o baja
Las metas a largo plazo son:
aceptadas o elegidas   impuestas
y su grado de novedad es:
medio o alto   bajo
y su grado de complejidad es
medio o alto   bajo
La evaluación es:
interna y a término o diferida   externa y diferida
El costo sicológico es:
bajo o medio   alto
Los efectos se orientan hacia:
cambios de comportamiento   la imitación y la repetición

Modo de empleo

1. Identificar una situación profesional acerca de la cual es posible formular la hipótesis de que es apta para ayudar a encarar un cambio.
2. En la síntesis precedente, marcar para cada aspecto, el casillero que corresponda.
3. Volcar los resultados en un cuadro de doble entrada, según el siguiente modelo:

	Favorece la autonomía	Limitativo
Nivel de competencia Contenido Motivaciones individuales Energía mental Objetivo de la situación Metas a largo plazo Evaluación de la situación Costo sicológico Efectos		

4. Identificar los aspectos de la situación descrita sobre los cuales es posible introducir modificaciones con medidas simples, es decir, actuar sin gran esfuerzo.
5. Clasificarlos según el grado de aceptabilidad de los cambios que se propondrán tanto por la conducción como por el entorno.
6. Decidir las mejoras en los aspectos seleccionados para la acción.

¿Cuándo utilizarla?

— En el momento de concebir los mecanismos de una acción de capacitación.

¿Cuáles son las limitaciones de esta herramienta?

— El grado de validez de la información del observador.

FICHA–HERRAMIENTA

DESCUBRAMOS LOS RECUERDOS
EDUCATIVOS LATENTES

¿Para el logro de qué metas?

— Sensibilizar a la conducción e involucrarla en la concepción y la realización de la capacitación.

— Aprovechar la posibilidad de que la estructura de la empresa cumpla funciones educativas secundarias con respecto a sus objetivos específicos.

— Revalorar recursos existentes, poco o nada explotados, que:

- poseen abundante información actualizada
- están en relación directa con la acción
- sólo necesitan un esfuerzo de coordinación para ser válidos
- son valiosos por su "desfase" con respecto a la capacitación
- en función de su naturaleza informal, pueden ser utilizados de manera más flexible

¿Cuál es su origen?

— Observaciones realizadas sobre la base de la hipótesis de la educación informal.[2] Desde el punto de vista de los medios en acción de que dispone el servicio de capacitación en la empresa, es posible distinguir, actualmente, dos tipos de recursos existentes: los que se definen a priori como recursos educativos, coordinados por el servicio de capacitación (cursos internos y externos; consultas individuales), y los que no son per-

---

[2] A. Pain, *Éducation informelle. Les effets formateurs dans la quotidien.* L'Harmatan Collection Défi, París, 1990.

cibidos como tales, dado que su función es operativa (las situaciones cotidianas de trabajo; centro de documentación; las relaciones con las jefaturas). La influencia educativa que este segundo tipo de recurso puede ejercer aparece como un coproducto o un subproducto de su función principal. Pueden ser considerados como recursos educativos latentes o inexplotados. El valor educativo de un recurso equivale a su capacidad para aumentar los conocimientos y el saber–hacer del trabajador para favorecer cambios de comportamiento.

¿Cómo hacerlo?

1. Inventario de los recursos

A continuación presentamos una lista no exhaustiva, que deberá ser completada en función de cada empresa.

— Individuos
  • especialistas que conocen un tema y sus fundamentos
  • expertos que poseen algún saber–hacer
  • "prácticos" que sólo tienen una experiencia empírica

— Estructuras
  • de información (centro de documentación; archivos)
  • funcionales (manuales, bibliotecas, archivos técnicos)
  • operativas (casos sobre el puesto de trabajo, el contacto con clientes, el servicio posventa)

— Situaciones
  • Individuales
  • conversaciones (con un jefe, un compañero)
  • encuesta (acerca de un tema preciso)
  • visitas (clientes, proveedores, colegas)
  • coloquios, viajes de estudio.
  • Colectivos

- reuniones (de estudio, de toma de decisiones, de ajuste, de información)

2. Definición de los criterios de clasificación

—Grado de formalización de los conocimientos aportados
  - alto: contenido estructurado (cursos de física)
  - medio: varias vías posibles (cursos a medida, respuestas a preguntas)
  - bajo: aproximación empírica (mostrar cómo se hace)

—Nivel de los prerrequisitos exigidos a los participantes
  - alto: conocer el lenguaje (vocabulario técnico)
  - medio: conocimientos elementales (nociones de electricidad)
  - bajo: representaciones que provienen de la experiencia (dificultades para utilizar una computadora).

—Grado de interacción posible con el participante
  - alto: diálogo, preguntas
  - medio: documentos, instrucciones
  - bajo: procedimientos de trabajo

—Nivel de tratamiento del tema
  - sensibilización: despertar interés (S)
  - introducción: nociones elementales, utilización dependiente (I)
  - profundización: conocimiento de los fundamentos (P)

3. Cuadro de recapitulación (cuadro 4.5.)

Aspecto / Recurso	Grado de formalización del aporte	Nivel de prerrequisitos de los interesados	Grado de interacción posible con el participante	Nivel de tratamiento del tema
Individuos: •especialista • experto • práctico	alto medio bajo	medio–alto medio bajo	medio alto alto	S–I–P S–I S
Estructuras • información • funcionales • operativas	medio alto bajo	medio medio–alto medio–bajo	bajo bajo alto	S S–I S–I
Situaciones individuales: • entrevista • encuesta • visitas a clientes • viajes *Colectivas* • reuniones	medio–bajo medio–bajo bajo medio–bajo medio bajo	bajo medio–alto medio medio–alto bajo–medio	alto alto alto alto alto	S–I S–I–P S–I S–I S–I

¿Cuándo utilizarla?

— En la elaboración de un proyecto de capacitación.

¿Cuáles son las limitaciones de esta herramienta?

— El grado de conocimiento del potencial de la empresa.

— La sensibilidad de los diferentes interlocutores, con respecto al resultado y su voluntad para trascender las funciones tradicionales.

4.4. Verificar las condiciones de éxito del proyecto

Los resultados de esta etapa se presentan en dos documentos: por un lado, el proyecto analítico de la operación y por otro, la lista de condiciones de éxito. El interés de cada uno de ellos se debe a que definen detalladamente tanto las actividades que deberán desarrollarse para alcanzar los objetivos fijados, como la posición del entorno con respecto a la facilitación del proyecto.

— Proyecto analítico
  • explicitación de metas y objetivos: se trata de los resultados esperados, por ejemplo: formar veinticinco electromecánicos operativos en seis meses;
  • selección de los medios: las modalidades educativas y los recursos humanos y materiales correspondientes;
  • programa de actividades: cómo se desarrollarán las actividades en el terreno, preparación, implementación, seguimiento y evaluación;
  • presupuesto: estimaciones de precio para los recursos externos a la empresa y el costo de los recursos propios;
  • programación: desarrollo de las operaciones en el tiempo;
  • sistema de evaluación: criterios, instrumentos, evaluadores y momentos;
  • coordinación de proyecto: composición y formas de funcionamiento de la instancia de seguimiento de la operación.

— Condiciones de éxito

Se trata, simultáneamente, de variables sobre las que los protagonistas pueden actuar y de restricciones que deben ser respetadas.

- percepción compartida del problema tratado por los diferentes protagonistas de la empresa;
- receptividad — por parte de la conducción y globalmente, por el entorno— del problema, del proyecto de acción y de los medios propuestos;
- público aval de la dirección general a la operación;
- previsión de la composición y del modo de funcionamiento del grupo que coordine el proyecto.

FICHA-HERRAMIENTA

DEFINAMOS LAS CONDICIONES DE EXITO

¿Para el logro de qué metas?

— Identificar las condiciones que faciliten la implementación del proyecto.

¿Cómo hacerlo?

1. Partiendo de las observaciones de la etapa de análisis y de los contactos con los diferentes protagonistas, confeccionar el inventario de las condiciones necesarias para la implementación del proyecto. Por ejemplo:

   — Percepción compartida del problema por parte de los protagonistas.

— Acuerdo acerca de los medios para resolverlo.

— Apoyo de la dirección general.

— Información del entorno acerca del proyecto.

— Sensibilización de las personas involucradas (participantes, jefatura directa).

— Aspectos administrativos.

Esta lista no es exhaustiva. Conviene agregar en cada caso los aspectos peculiares de la situación concreta.

2. Convalidar este inventario con el grupo de coordinación y decidir con él la lista definitiva.

3. Definir con el grupo de coordinación, para cada una de las condiciones, los indicadores que permitirán evaluar su presencia.

¿Cuándo utilizarla?

— En el momento de la elaboración del proyecto analítico antes de la implementación.

¿Cuáles son las limitaciones de esta herramienta?

— El grado de acuerdo entre las diferentes contrapartes acerca de la lista de condiciones.

— La asunción de responsabilidades de los diferentes protagonistas en la obtención de las condiciones definidas.

FICHA-HERRAMIENTA

VERIFIQUEMOS LA COHERENCIA DEL PROYECTO

¿Para el logro de qué metas?

— Verificar que el diagnóstico y el entorno son contemplados en las propuestas.
— Garantizar la coherencia interna del mecanismo propuesto.
— Detectar las incoherencias y encontrar las soluciones en tiempo útil.

¿Cómo hacerlo?

1. Registrar en los cuadros siguientes (4.6. y 4.7.), en cada casillero, el grado de coherencia entre los dos aspectos contemplados (total, parcial, nulo).

   a) Coherencia interna

	Objetivos	Sistema de evaluación	Sistema de animación	Métodos pedagógicos	Duración	Contenido
Contenido						*
Duración					*	
Métodos pedagógicos				*		
Sistema de animación			*			
Sistema de Evaluación		*				
Objetivos	*					

• Relaciones consideradas como no pertinentes.

146

b) Coherencia con el entorno y la empresa

	Objetivos	Sistema de evaluación	Sistema de animación	Métodos pedagó-gicos	Duración	Contenido
1. Objetivos a dos años						
2. Diagnós-ticos						
3. Situación industrial						
4. Organiza-ción y gestión						
5. Informa-ción y co-municación						
6. Gestión de personal						
7. Relaciones con las con-trapartes sociales						

Observaciones:

— El punto 1 representa el entorno, en la medida en que se supone que los objetivos a dos años fueron decidi-dos después de haber analizado sus características.

— Los puntos 2 a 7 inclusive describen el "sistema empresa" con respecto al cual el proyecto de capacitación debe verificar su coherencia.

2. La mención "parcial" en un casillero obliga a una reflexión sobre los medios y mecanismos necesarios para obtener una mayor coherencia.

3. La mención "nula" debe considerarse como un indicador de peligro para el éxito del proyecto.
Esto obliga a un análisis de las razones de la falta de coherencia y a la modificación de las soluciones propuestas para mejorar el grado de coherencia.

4. Una vez analizado cada uno de los casilleros conviene proceder inmediatamente a:
   • modificaciones parciales para aumentar la coherencia
   • cambios para evitar incoherencias
   • reformulaciones y ajustes
   • verificaciones y ajustes de la estructura del proyecto

¿Cuándo utilizarla?

— Una vez redactado el primer borrador del anteproyecto.

— Cada vez que aparezcan desacuerdos entre los protagonistas.

— Antes de presentar el proyecto analítico al cliente.

¿Cuáles son las limitaciones de esta herramienta?

— El grado de precisión del análisis.

— El grado de participación de los diferentes protagonistas.

— La perspectiva con respecto a la duración (corto o mediano plazo) y al planteo (sectorial o global).

CAPÍTULO 5

GARANTIZAR LA IMPLEMENTACIÓN Y EL SEGUIMIENTO CON LOS PROTAGONISTAS

Un proyecto de capacitación debe estar en condiciones de tomar en cuenta las reacciones que provienen del contexto, y de garantizar la integración de los resultados de la capacitación a la vida cotidiana de la empresa.

5.1. Implementar los mecanismos de acción

Es el momento de poner a prueba las previsiones y los análisis, resultantes de las etapas precedentes. Aquí el pensamiento se confronta con la realidad. Las responsabilidades técnicas del consultor y de los instructores en la realización del proyecto —aun siendo específicas y reconocidas desde el punto de vista práctico— no deben ocultar el hecho de que sólo pueden ejercerse correcta y eficazmente en el marco creado por los protagonistas (dirección, conducción superior, jefatura directa, participantes).

Se trata pues, ante todo, de movilizarlos y de lograr que asuman plenamente sus responsibilidades en los aspectos estratégicos, como garantes de la acción. Lo son a doble título: por un lado, en lo que se refiere a la creación de las condiciones previas a la acción y por otro, a la integración de los logros de la capacitación a la vida cotidiana de las diversas unidades.

Las tareas principales son dos:
— Poner en marcha el mecanismo para alcanzar la metas y los objetivos de la operación.
— Garantizar el ajuste del proyecto.
• Registrar y administrar el *feed-back* de los protagonistas (usuarios, beneficiarios, los que toman las decisiones).
• Proveer los elementos para reajustar el proyecto y permitir su evolución.

FICHA-SITUACION

LAS TRANSFORMACIONES DE UN PROYECTO

Se trata de la sucursal de un importante banco de sólida posición en su región.

Un objetivo a tres años

Diciembre de 1984. El responsable de la capacitación, de acuerdo con el director adjunto —que está a punto de partir por tres años con el fin de ser promovido a director de la sucursal—, elabora un proyecto de formación gerencial para el nivel de conducción, integrado por veinticuatro personas. El objetivo era capacitarlos para los cambios que el nuevo director deseaba introducir a su regreso, una vez

---

que retomara su función. El director a cargo, próximo a jubilarse, no era de la partida.

La investigación previa puso en evidencia el bajo nivel de formación inicial, cierto deterioro en las responsabilidades, el desfasaje entre la cultura real de la empresa y la que se quería desarrollar, una gerencia basada en la tradición oral y la ausencia de percepción de las futuras dificultades en función de un pasado exitoso, la situación de desestabilización de las jefaturas y sus quejas con respecto a la conducción. Los jefes se oponían a esta acción. Los proyectos de capacitación iniciados por dos consultoras habían sido cancelados.

La propuesta incluía módulos de capacitación sobre contenidos de desarrollo gerencial y además, entrenamiento para modificar comportamientos y conferencias de especialistas.

Violenta reacción de los participantes

Marzo-junio de 1985. La operación se inicia con un grupo de jefes en el que participa el responsable de capacitación. El grupo reacciona críticamente y rechaza al animador. Pueden invocarse varias razones: métodos pedagógicos participativos, en un grupo en el que existía desconfianza recíproca, y que transgredían hábitos muy consolidados; jefes en posición de meros consumidores; conformación del grupo librado al azar; rol ambiguo del responsable de capacitación: coordinador y participante al mismo tiempo.

Un nuevo mecanismo con varias modalidades

Setiembre de 1985. El conductor del taller solicita una reunión con la comisión directiva para analizar la situación.

Está decidido a continuar la operación, introduciendo modificaciones.

— Conformación de un grupo de coordinación con los mandos superiores que debe reunirse tres veces por año, y cuyo rol es seguir de cerca la capacitación, garantizar el seguimiento y poner en marcha los logros. Seleccionarán los proyectos útiles para el banco (contratos de utilidad) y deberán evaluarlos durante su realización.

— Cambio de animador y coanimación, alternativamente.

— Aplicación de una pedagogía adaptada al público, alternando el análisis de situaciones concretas con el aporte de métodos e instrumentos, entrenamiento personalizado en función de las capacidades de base y los aportes de información y conocimientos.

— Redefinición del mecanismo para tres años. Para grupos de doce personas; primer año: cuatro actividades de dos días; segundo año: dos días de seguimiento; tercer año: una jornada de seguimiento. Simultáneamente, y para los noventa jefes, tres conferencias por año a cargo de especialistas. En tres años se capacitaron seis grupos.

— Redefinición de los objetivos de las actividades: la animación de un grupo; la coordinación de una unidad; la apertura al entorno, el marketing; la tarea; la función.

— Implementación de contratos de utilidad. Se trataba de trabajar en grupos de cuatro, sobre proyectos a mediano plazo que resultaran de interés tanto para la empresa como para los jefes. Elección de un tema y la presentación de un proyecto, para obtener una demanda de la dirección general al finalizar el curso.

— Tutoría de los proyectos a mediano plazo a cargo de miembros de la comisión directiva, bajo la forma de asesores.

— Definición de criterios para la conformación de los grupos: un tercio de ejecutivos; otro tercio, de personas representativas del término medio del personal, y el restante, de personas para ser entrenadas.

— Cuidar la información sobre la capacitación. Nota firmada por la dirección general (rédito y necesidades) y la CEGOS* (aspectos metodológicos).

— Ciclo de conferencias, con la modalidad de exposición introductoria de 45 minutos, a cargo del experto. Intercambios y elaboración de preguntas en pequeños grupos y respuestas del conferencista. Los temas tratados: "Informe sobre el futuro del banco", a cargo de un miembro de la dirección nacional; "Las nuevas funciones del banco", por un inspector del Ministerio de Educación; "La integración europea", a cargo de un experto europeo; "Marketing", por un especialista.

Las enseñanzas

— Prestar atención a las condiciones previas.

— Definir al cliente (¿director general en funciones? ¿futuro director general? ¿responsable de capacitación?) y rechazar a los clientes fantasmas.

— Privilegiar un abordaje en términos de mecanismos y de tiempos.

— Involucrar al director general en los cambios culturales.

— Favorecer el compromiso de los jefes (contratos de utilidad).

— Definir los roles en el equipo docente (director del taller, animadores); garantizar una adecuada coordinación y comunicación del equipo.

* Commission Générale d'Organisation Scientifique

— Vivir los conflictos como oportunidades para el ajuste entre oferta y demanda.

— Formalizar las pautas, valorar los escritos.

— Prestar atención a la situación estratégica para decodificar el accionar de los protagonistas.

— Combinar medios variados en una operación.

— Respetar los símbolos y los ritos.

— Valorar los intervalos en las actividades de capacitación: es en esos momentos cuando la empresa desempeña el rol de medio educativo.

— Involucrar a la dirección que es coautora del mecanismo con los consultores y los jefes.

5.2. Ajustar el proyecto en el terreno

El conjunto de las decisiones contenidas en el proyecto seleccionado compromete tanto a la dirección de la empresa como a los diferentes protagonistas. El éxito de esta etapa – que consiste en poner en funcionamiento el sistema– depende del apoyo que logre en el terreno.

Por otro lado, es peligroso aplicar el plan de acción al pie de la letra, teniendo en cuenta las circunstancias de vida de la empresa, en equilibrio móvil, ya que cada peripecia, cada incidente que provenga del entorno o de la misma empresa, modifican la situación. Es necesario asegurarse la vigencia de las condiciones iniciales, verificar la estabilidad de la situación analizada en el momento del diagnóstico, a fin de reaccionar rápidamente frente a las modificaciones percibidas y encontrar los ajustes necesarios para que la acción pueda superar las eventuales dificultades.

Es interesante pues, considerar al plan de acción como sujeto a permanentes adaptaciones, lo cual puede llegar, en casos límites, a postergar la iniciación de la acción. De allí deriva la importancia asignada a los medios que asegurarán la obtención de información continua durante la puesta en marcha. El contacto regular con los protagonistas involucrados es uno de ellos. Permite estar al corriente de las dificultades que perciben a fin de elaborar con ellos las medidas necesarias para mantener el rumbo.

En el plano de la práctica, las tareas son las siguientes:
— Organizar la puesta en marcha de la acción.
— Definir las responsabilidades de los protagonistas.
— Garantizar el seguimiento en el terreno.

FICHA-METODO

GRUPO RESPONSABLE[1]

Para lanzar un proyecto o tratar un problema importante —pero aún impreciso, dado que sus características no han sido identificadas— resulta útil crear un grupo de reflexión que analice la situación y luego genere una dinámica de ejecución.

Funciones

Son múltiples: en primer lugar, el estudio del problema; luego, la selección de los medios capaces de resolverlo y,

---

[1] Documento de trabajo: Cultura y profesión

finalmente, acompañar la puesta en marcha en el terreno del proyecto en cuestión. Este grupo es el responsable del proyecto, y asegura la coordinación política en cada etapa, es decir, la inserción de la solución en el funcionamiento y la estructura de la empresa.

Según la magnitud del proyecto, el grupo responsable puede delegar el seguimiento directo de las acciones puntuales (por ejemplo: cursos para diferentes categorías) a grupos de seguimiento compuestos por la jefatura directa de los participantes.

Duración

Su vida tiene una duración determinada, limitada a la ejecución del proyecto.

Conformación

Se trata de voluntarios; las personas involucradas en el problema por resolver constituyen la base principal del grupo. No se trata de crear un grupo representativo desde el primer momento, sino de reagrupar a quienes están interesados en superar la dificultad y que desean dedicarse al tratamiento del problema.

En una segunda etapa, puede resultar útil invitar a participar a otras personas —a título permanente o como invitados— para cubrir objetivos puntuales. En el caso de una acción de capacitación en una unidad, es el nivel N + 1 en la conducción; en el de la capacitación de una categoría como la supervisión, corresponde a los jefes de departamente o sus adjuntos.

Actividades

La reflexión sobre el futuro, para precisar la evolución probable y deseable, permite llegar a propuestas concretas acerca de los objetivos de la acción, y a una percepción global de las vías y los medios para realizar el cambio.

En la etapa de elaboración del proyecto el grupo piloto se ocupa de la confección de las condiciones de contratación y analiza la capacidad y los recursos de las eventuales contrapartes. Por delegación de la dirección general, el grupo puede tener a su cargo dictaminar acerca de la propuesta que se deba implementar, e incluso, tomar la decisión.

En las etapas de implementación y de evaluación, se acentúa su rol de coordinación política del proyecto. Tiene la responsabilidad de orientar la acción, de manera que la empresa aproveche al máximo los resultados y los efectos de la capacitación. Para ello el grupo debe actuar sobre la estructura y, en especial, sobre los mandos medios, a fin de sensibilizarlos y hacerlos permeables a los proyectos de aplicación que deriven de los participantes de las actividades de capacitación. Desde su rol de coordinación, solicita a las instancias técnicas (jefe de proyecto; responsable de capacitación) la información necesaria, procesa los datos que provienen del terreno y encauza el proceso de integración de los logros de la capacitación en la vida cotidiana de la empresa.

Su accionar no exime en absoluto a la dirección de las responsabilidades vinculadas con la difusión de la información y el compromiso público con respecto al proyecto.

Funcionamiento

La periodicidad de las reuniones depende de la magnitud del proyecto. Los grupos de seguimiento en el nivel de los N + 1 deben reunirse una vez finalizada cada sesión de capacitación. El grupo de coordinación de una operación que dura un año debe reunirse alrededor de una vez por trimestre.

La animación puede estar a cargo del jefe del proyecto, o bien, del responsable de capacitación.

FICHA-HERRAMIENTA

**CONTROLEMOS LA PRESENCIA
DE LAS CONDICIONES DE ÉXITO**

¿Para el logro de qué metas?

— Verificar que estén dadas las condiciones que faciliten la implementación.
— Adoptar las medidas que se impongan para obtener las condiciones necesarias.
— Verificar en qué grado están involucrados los protagonistas, así como la receptividad del proyecto.

¿Cómo hacerlo?

1 Retomar las condiciones que faciliten la implementación del proyecto identificadas en el parágrafo 4.4. Por ejemplo:
— Percepción compartida del problema por parte de los protagonistas.
— Acuerdo acerca de los medios para resolverlo.
— Apoyo de la dirección general.
— Participación en el grupo de coordinación.
— Información del entorno acerca del proyecto.
— Sensibilización de las personas involucradas (participantes, jefatura directa)
— Aspectos administrativos resueltos.
  Esta lista no es exhaustiva. Es conveniente agregar en

---

cada caso, los aspectos propios de la situación concreta.

2   Elaborar un cuadro en el que se crucen estos aspectos con una valoración del grado de cumplimiento observado en función de los indicadores definidos durante la elaboración del proyecto (ver cuadro 5.1.).

Grado de cumplimiento / Aspectos	Total	Parcial	Nulo
Percepción del problema • conducción • jefatura directa • técnicos • agentes			
Receptividad de los medios • conducción • jefatura directa • técnicos • agentes			
Apoyo de la dirección general			
Participación en el grupo de coordinación			
Información del entorno sobre el proyecto			
Sensibilización • de las personas por capacitar • de la jefatura directa			
Resolución de aspectos administrativos			

3   Colocar una cruz en el casillero correspondiente al estado de cumplimiento de cada una de las condiciones identificadas.

4   Las marcas en la columna "Nulo" deben ser consideradas riesgos importantes para el éxito del proyecto. Se impone una reflexión sobre sus causas y una acción inmediata para superar la situación. A veces, es conveniente aplazar la implementación del proyecto hasta la desaparición de estos riesgos.

5   Las marcas en la columna "Parcial" son elementos para la estrategia del consultor. Es conveniente analizar las razones, a fin de buscar soluciones y obtener, de ese modo, las mejores condiciones.

Observaciones

— La lectura del cuadro ofrece un panorama del grado de implicación de los protagonistas en la acción, que ha sido una de las misiones de la etapa de análisis de la demanda.

— Es conveniente evaluar el contenido del cuadro con el grupo de coordinación.

¿Cuándo utilizarla?

— Antes de la implementación del mecanismo de acción en el terreno.

¿Cuáles son las limitaciones de esta herramienta?

— La calidad de la información y el rigor con el cual el consultor completa el cuadro 5.1. Resulta útil confron-

tar sus apreciaciones con las de otros protagonistas.
— No ofrece soluciones a las dificultades. Es una herramienta de análisis y de decisión para actuar.

5.3. Animar el grupo de coordinación

En esta etapa, el doble rol del consultor −como jefe del proyecto y como diseñador− mantiene su importancia, en la medida en que la implementación del proyecto debe tener en cuenta el retorno de información del terreno, para proponer soluciones a las dificultades detectadas.

En un primer momento, prevalece el rol de jefe de proyecto sobre el de diseñador, a fin de garantizar una adecuada inserción del proyecto en la realidad de la empresa. La información recogida para este fin debe ser procesada en el más breve plazo por el diseñador, quien tiene que encontrar las soluciones a los problemas planteados y proponer modalidades de acción realistas.

En este contexto, el grupo de coordinación tiene como principal función orientar la elaboración y la implementación del proyecto de acción en cuanto herramienta para mejorar una situación considerada como no satisfactoria. Es la llave maestra desde el punto de vista de la inserción del proyecto en la vida de la empresa, ya que garantiza su congruencia con su cultura y facilita la adaptación de las innovaciones que propone. Para el jefe del proyecto la animación de esta instancia es una inversión.

Las tareas del jefe de proyecto son las siguientes:
— Atender la puesta en marcha del mecanismo.

161

- Garantizar la coherencia entre el proyecto y la acción en el terreno.
- Asegurar al cliente y a los protagonistas una información regular acerca del estado de avance del proyecto.
- Ser sensible a la información que se origine en el terreno.
- Actuar en tiempo útil ante las diferentes contrapartes (participantes, instructores) para aplicar soluciones a las dificultades encontradas.

Desde su rol de diseñador debe:

- Reaccionar rápidamente y frente al retorno de información vinculada con los medios de acción propuestos.
- Aprovechar todas las oportunidades de obtener información del terreno (entrevistas, reuniones, observaciones, evaluaciones parciales).

FICHA-METODO

DETECCION Y TRATAMIENTO
DE LAS DIFICULTADES

1 Prevenir: estar atento al menor hecho o comentario.
2 Reaccionar inmediatamente:
  — Para tranquilizar al cliente: "nos estamos ocupando".
  — Para intervenir: es mejor exagerar que minimizar, y formular una hipótesis de trabajo para obligarse a realizar un análisis y actuar.

---

3 Detectar la naturaleza de la dificultad:
— Relaciones personales (ausencia de puntos de vista próximos, comunicación)
— Insatisfacción
  • del participante
  • de la jefatura directa
  • de otros protagonistas, y en este caso, ¿quiénes?
a raíz de:
  • las actividades
  • los métodos de trabajo
  • la animación
  • otros aspectos, y en este caso, ¿cuáles?

4 Contextuar la dificultad con respecto al proyecto.
5 Proponer medidas para mejorar y obtener su validación por parte de los protagonistas involucrados.

FICHA-HERRAMIENTA

ANIMEMOS EL GRUPO DE SEGUIMIENTO

¿Para el logro de qué metas?

— Organizar la comunicación entre el equipo que interviene, y los usuarios (jefatura directa de los participantes) de la capacitación.
— Implicar a la jefatura directa en el desarrollo de la capacitación y en la aplicación inmediata de sus logros.
— Disponer, a lo largo de toda la capacitación, de retorno de información proveniente del terreno, a fin de facilitar una rápida reacción frente a las dificultades detectadas.

¿Cómo hacerlo?

1 Reunir periódicamente —en fechas establecidas con anterioridad— a los miembros del grupo de coordinación (mandos responsables) o del grupo de seguimiento (jefes directos de los participantes) de una acción de capacitación, con el jefe de proyecto o con el animador, o con ambos.

2 El orden del día incluye dos fases: la primera, de intercambio de información; y la segunda, de análisis de los medios que se van a movilizar para que los logros de la capacitación puedan aplicarse en las unidades que corresponda.

3 En la primera fase, el animador informa sobre las actividades realizadas, las reacciones de los participantes y los proyectos de aplicación que se esbozan. Esta es una oportunidad para analizar con los jefes directos, las dificultades detectadas por los participantes. Los jefes directos aportan sus observaciones acerca de la evolución, tanto del proyecto, como de los participantes. Las observaciones y sugerencias dan lugar a aclaraciones sobre lo ya hecho y sobre lo que se hará en las siguientes etapas. Se trata de favorecer un análisis crítico, evitando los juicios apresurados.

4 En la segunda parte, orientada hacia el tratamiento de los problemas, se analiza la manera de implementar en sus puestos, los proyectos de aplicación esbozados por los participanes. Habrá que decidir qué tipo de apoyo necesita la conducción para lograr la transferencia de los resultados de la capacitación; en primer lugar, al análisis de las propuestas de acción y luego, a la facilitación de la comunicación entre colegas y a la aplicación en el terreno. Esta etapa genera compromisos concretos con los jefes directos, como también acuerdos sobre los ajustes necesarios en la coordinación de la aplicación de las experiencias.

5 El informe de este tipo de reunión debe ser sintético y reflejar con mucha nitidez las decisiones de los intercambios. Los participantes en la acción de capacticación deben estar informados de esta reunión, de su contenido —a grandes rasgos— y de sus objetivos.

Observaciones

— Es indispensable que los participantes estén informados de este tipo de reuniones y que se sientan seguros de la discreción del animador en lo que se refiere a sus intervenciones durante el proceso de capacitación.
— Es necesario evitar la evaluación de los individuos, a no ser que ése haya sido el contrato y que los participantes estén informados al respecto.
— Por el contrario, resulta útil dar a conocer las impresiones e intervenciones del grupo, como un elemento de interés para la conducción.
— La introducción de la reunión debe consistir en un informe fidedigno de las actividades de capacitación, que enfatice las metodologías y las dificultades mencionadas por los participantes en la implementación de lo aprendido.

¿Cuándo utilizarla?

— Después de cada una de las sesiones de la actividad de capacitación.

¿Cuáles son las limitaciones de esta herramienta?

— La obtención de un clima de diálogo y de análisis de los hechos con el fin de producir mejoras en la acción.

5.4. Coordinar el proyecto

El resultado de esta etapa es la materialización de los objetivos previstos en el proyecto, es decir, los cambios de comportamiento que derivan de los nuevos saberes y saber-hacer.

El logro de estos objetivos supone, en primer lugar, prever el conjunto de actividades sobre el terreno y su continuidad. Esto requiere, en primer lugar, tener en cuenta los recursos disponibles y la definición de una programación que garantice una adecuada sinergia; luego, la explicitación de las responsabilidades asignadas a cada protagonista, tratando de anticipar la mayor parte de las dificultades y finalmente, la implementación de un sistema de seguimiento y de ajuste de la acción en función del retorno de información.

El contenido práctico de estas actividades se apoya en el consenso logrado entre los protagonistas en las etapas que preceden a la elaboración del proyecto, sobre el problema por resolver y los medios que se han de movilizar para este fin. Asegurar la acogida del terreno y demostrar que sus reacciones se han tomado en cuenta a través de rápidas intervenciones, en acuerdo con los protagonistas, facilita el avance de la acción.

Los tres documentos que se deben utilizar para orientar la acción son:
—   La programación de las operaciones (PERT).
—   La asignación de responsabilidades a los protagonistas.
—   El sistema de seguimiento y ajuste.

FICHA-HERRAMIENTA

ORGANICEMOS LA IMPLEMENTACION (PERT)

¿Para el logro de qué metas?

— Detectar las etapas y los puntos estratégicos en un proyecto de acción.
— Prever la sucesión de etapas en función de la dependencia de las diferentes operaciones o tareas que hay que cumplir para realizarlo.
— Establecer el camino crítico que permite alcanzar el objetivo final en el menor tiempo posible.

¿Cómo hacerlo?

1. Definir el proyecto que se va a implementar.
2. Elaborar la lista de tareas u operaciones:
   • identificar las tareas
   • definir el grado de detalle en la descripción de las tareas según la precisión deseada
   • atender a la homogeneidad del nivel de detalle de cada una de las tareas

3. Clasificar las tareas por orden cronológico, e identificarlas.
Ejemplo de lista muy simplificada de las tareas para organizar una actividad de capacitación:
   A. Designar a un responsable de la actividad.
   B. Seleccionar a un animador
   C. Elaborar el contenido del curso.
   D. Decidir fecha y lugar.
   E. Confeccionar la lista de participantes.
   F. Preparar los materiales para las clases.

> G. Convocar a los participantes (quince días antes de la fecha del curso).
> H. Realizar el curso.

4. Elaborar un cuadro de análisis

Se trata de un cuadro de doble entrada con tantas líneas como operaciones se deban cumplir y cuatro columnas: código de identificación de las tareas; nombres de la tarea; duración prevista y código de la tarea que debe realizarse antes de poder efectuar la tarea en cuestión (ver cuadro 5.2)

Cuadro de análisis

Cuadro 5.2.

Código	Tarea	Duración	Restricciones previas
A	Designar al responsable	2 días	
B	Seleccionar a un animador	3 días	A
C	Redactar el contenido	3 semanas	B
D	Decidir fechas y lugar	1 hora	B
E	Preparar lista participantes	1 hora	A
F	Preparar materiales	3 semanas	C
G	Convocar a los participantes	2 semanas	D
H	Ejecutar	1 semana	G

5. Elaborar el camino crítico

El diagrama PERT que incluimos es un gráfico que representa el desarrollo en el tiempo. Está constituido por un conjunto de flechas que representan a cada una de las operaciones.

(1) A-2d ➔ (2) B-3d ➔ (3) C-3d ➔ (6) F-3s ➔ (7) H-1s ➔

D-1h ➔ (4) E-1h ➔ (5) G-2s

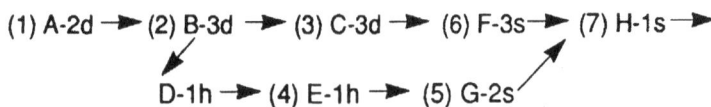

El camino crítico pasa por las etapas 1, 2, 3, 6, 7. Las tareas E y F se desarrollan paralelamente a C y G.

FICHA-HERRAMIENTA

¿QUIÉN HACE QUÉ?

¿Para el logro de qué metas?

— Documento que permite garantizar la implementación del proyecto.
— Herramienta de control para garantizar el seguimiento.

¿Cómo hacerlo?

1. Elaborar la lista detallada de todas las tareas de cada etapa de la programación por camino crítico (PERT).
2. Confeccionar un cuadro de este tipo y registrar la información pertinente

Tareas	Responsable de la ejecución	Plazos	Observaciones

3. La información registrada en la columna "Observaciones" brinda elementos para reajustes.

FICHA-HERRAMIENTA

GARANTICEMOS EL SEGUIMIENTO EN EL TERRENO

¿Para el logro de qué metas?

— Sistematizar las observaciones dispersas.
— Enriquecer la reflexión sobre los ajustes necesarios.
— Servir de base de datos para la comunicación con los protagonistas.

¿Cómo hacerlo?

1. Recoger información
   Después de cada sesión de un curso y al finalizar cada curso o cualquier otra actividad de capacitación, completar el documento propuesto en el cuadro 5.3.
   Los contactos del consultor con los protagonistas constituyen otra fuente de información proveniente del terreno, al igual que los comentarios que se realicen en organismos paritarios, reclamos, etcétera.

Cuadro 5.3.

Aspectos	Dificultades observadas	Mejoras propuestas
Programa de actividades Animación Métodos pedagógicos Duración Aplicabilidad Condiciones materiales		

2. Procesar la información

El conjunto de datos debe ser periódicamente procesado por el consultor, de acuerdo con un cronograma fijado con anterioridad en relación con la magnitud de la operación, y según el cronograma de contactos con los protagonistas (citas con los clientes, reuniones del grupo de coordinación, etcétera), a fin de que estén absolutamente actualizados con respecto al estado de avance del plan de acción, como también de las dificultades encontradas en el terreno. Esto puede dar lugar a notas de trabajo dirigidas al cliente, o informes entregados a los protagonistas, que sirvan de base para las reuniones del grupo de coordinación.

3. Decidir la implementación de mejoras

Los diferentes documentos de síntesis deben incluir propuestas de acción para enfrentar las dificultades observadas. Podrán ser aplicadas una vez discutidas y aprobadas por los miembros del grupo de coordinación (ver Ficha-herramienta; Animemos el grupo de seguimiento).

CAPÍTULO 6

CONTROLAR LOS RESULTADOS Y EVALUAR LOS EFECTOS

Es conveniente explotar al máximo las posibilidades que ofrece esta etapa bisagra para detectar en el terreno los efectos no previstos, para comprometer a todos los protagonistas del proceso y preparar las acciones futuras.

6.1. Integrar a la empresa lo que se ha aprendido

Habitualmente, la evaluación es considerada como el punto final de un proyecto. Sin embargo, es también una etapa bisagra para futuras acciones. Su función es doble: completar el proceso, extrayendo conclusiones acerca de la actividad, y preparar el futuro.

Es el momento del encuentro final de los protagonistas que han aportado su colaboración al proyecto. Aunque no hubiesen participado del mismo modo en cada fase y sus aportes hayan sido de diversa naturaleza, el cruce de sus intereses y de sus expectativas permite determinar el punto de encuentro que constituyó la base de la construcción del proyecto, del sistema de intervención y de la elaboración de criterios e indicadores para apreciar los resultados de la actividad.

Se trata de verificar estos antecedentes, de explotar las observaciones realizadas sobre los resultados y sobre los efectos de la actividad, para producir información útil para la empresa tanto acerca del proyecto en cuestión como sobre el plan general de capacitación y del funcionamiento de la empresa.

Las funciones de la evaluación son tres:
- La verificación del cumplimiento del contrato acordado al comienzo de la operación:
  - Debe ser una oportunidad para el diálogo entre los diferentes protagonistas (contrapartes).
- La percepción diferenciada de los resultados y de los efectos. Habrá que:
  - comprobar en qué medida fueron alcanzados los objetivos
  - observar los efectos sobre el entorno.
- La producción de información para la empresa, relativa:
  - al funcionamiento de la organización
  - a la circulación de la información
  - al punto de partida para nuevas acciones

FICHA-SITUACION

EL VALOR DEL DIALOGO EN LA EVALUACION

Las razones de la evaluación: motivar a la conducción para que sean utilizados los logros de la capacitación

—El alcance de la actividad de capacitación: 250 supervisores, o sea el 25% de la dotación de esta categoría, habían participado en las veintidos sesiones desarrolladas. El estudio se efectuó en tres sectores, en los que la proporción de supervisores que habían realizado este curso era, en promedio, del 42 por ciento.

—Apreciar los efectos del curso: ¿en qué resultó útil? y ¿cómo fue aplicado por los participantes y por las jefaturas?

—La utilización de lo aprendido a veces es frenada por el mismo entorno de los participantes. La reflexión acerca del aprovechamiento del curso por las personas directamente involucradas, en el seno de una célula natural de trabajo, puede posibilitar que se encaren proyectos de aplicación.

—Involucrar a las jefaturas para que asuman su rol, no como mera formalidad administrativa, ya que son quienes pueden facilitar la inserción de los aprendizajes del curso en su sector, teniendo en cuenta que si no deriva en aplicaciones a corto plazo, la capacitación deviene rápidamente obsoleta.

—Aportar elementos para las modificaciones que se estimen deseables.

175

Organizar la reflexión para pasar de las reacciones espontáneas al diálogo: mecanismo y cronograma de las operaciones

19 de setiembre de 1981: Encuentro del representante del departamento de capacitación y del consultor, con el jefe del departamento de fabricaciones experimentales, para presentar los objetivos de la evaluación y poner a punto el método de trabajo. Durante esta reunión, los representantes de capacitación fueron informados acerca de los acontecimientos que marcaron la vida de la unidad, de modo de conocer el contexto en el cual desarrollan su actividad los supervisores.

8 de noviembre de 1981: Entrevistas inidividuales con los jefes de los sectores medios mecánicos, medios especiales y montajes mecano-soldados, para analizar la elección de los colaboradores que fueron enviados al curso y obtener testimonios sobre los efectos observados.

9 de noviembre de 1981: Reunión de ex participantes supervisores de los sectores medios especiales y soldadura mecánica (turno mañana) y medios mecánicos (turno tarde). Para algunos de ellos los recuerdos del curso eran ya lejanos. Por lo tanto, era necesario disponer de un tiempo de reflexión para retomar los aspectos relevantes de una experiencia que se remontaba, en ocasiones, a varios años atrás (cuatro años como máximo).

14 de noviembre de 1981: Reunión triangular de los mandos con los responsables de capacitación y los ex participantes supervisores de los sectores medios especiales y soldadura mecánica (turno mañana) y medios mecánicos (turno tarde). Esta reunión fue organizada por sectores, y se pusieron sobre el tapete todas las opiniones. Debe considerarse como tiempo bien invertido ya que permitió abrir un verdadero debate, muy entusiasta, acerca de la capacitación y, contrariamente a los temores expresados, tanto por parte de la supervisión como de la jefatura, jamás derivó en polémicas inconducentes.

27 de noviembre de 1981: Reunión de síntesis y de retorno de información con el jefe de departamentos y los mandos del taller de fabricaciones experimentales.

Algunas enseñanzas

— La necesidad de definir qué se busca evaluar constituye una dificultad importante en el momento de encarar el proceso.
— Determinar desde el comienzo el alcance del proyecto de capacitación.
— La acción de capacitación no puede aislarse del contexto en el cual se inscribe.
— Contrastar las perspectivas de los diferentes protagonistas de una acción de capacitación permite definir criterios de evaluación realistas y adaptados a las situaciones de trabajo.
— Es importante que el entorno se interese en observar los cambios, ya que el participante no siempre los percibe.
— El diálogo establecido entre los diferentes protagonistas de la capacitación en torno de la evaluación permite afirmar que los efectos de evaluación resultan, a corto plazo, más efectivos que los de la actividad en sí misma.

6.2. Medir las consecuencias del proyecto de capacitación

Las consecuencias del proyecto de capacitación pueden ser observadas desde dos perspectivas: por un lado, a partir de las informaciones que permiten verificar los desvíos entre los resultados esperados y los resultados reales; y, por otro, detectando los efectos no previstos de la acción.

Ambas aproximaciones son necesarias. La primera, para juzgar 'la eficacia de los medios empleados, que en el terreno, fueron puestos bajo la lupa; la segunda, para percibir los cambios imprevistos que repercuten generalmente en el entorno de los participantes. En este caso, se trata de incentivos que alcanzan tanto a los individuos como a las unidades en las cuales trabajan y que sólo el diálogo entre los diferentes protagonistas puede mantener actualizados.

Manejar la noción de medida en capacitación es complejo y delicado. Para su implementación es necesario un acuerdo entre los protagonistas acerca de la definición del objeto de la evaluación y de los objetivos. La calidad del consenso logrado durante la etapa de elaboración del proyecto y una adecuada experiencia de la implementación son cartas de triunfo para esta etapa.

La secuencia es la siguiente:

- Verificar la vigencia del compromiso.
- Evaluar los efectos de la acción.
- Obtener ideas para nuevos proyectos.

FICHA-HERRAMIENTA

IDENTIFIQUEMOS LAS ETAPAS
DE UNA EVALUACION

¿Para el logro de qué metas?

— Ubicar los alcances de la evaluación en el contexto y en relación con los proyectos de la empresa.
— Definir qué será evaluado y sus objetivos, antes de pasar a la elaboración del instrumento.
— Prever los recursos —humanos y materiales— necesarios y administrar la totalidad del proceso.
— Garantizar una mejor recepción de las conclusiones y recomendaciones por parte de los diferentes protagonistas.

¿Cómo hacerlo?

1. Definir el objeto que se va a evaluar

— ¿Qué se quiere evaluar?
¿La actividad de capacitación? ¿los participantes ¿el instructor? ¿la situación después del curso? ¿un programa (conjunto de actividades centradas en un público o un tema)? ¿la institución?
— ¿A qué preocupaciones debe responder? (por ejemplo: mejorar la capacitación; sensibilizar a los jefes con respecto a la capacitación).
— ¿Quiénes son los evaluadores?
¿Los participantes? ¿el instructor? ¿el que la recomendó? ¿la jefatura?
— ¿A quienes se evalúa? Idem.

— ¿Acerca de qué objetivos de la evaluación se ha logrado consenso entre los protagonistas? (por ejemplo: toma de decisión, plan de capacitación, refocalización de la capacitación.

— ¿Cuál es la calidad de las fuentes disponibles?

2. Construir la muestra

— ¿Cuál es la población total (universo) del estudio? (por ejemplo: los participantes a un tipo de curso durante un año).

— ¿Cuáles son los criterios para construir la muestra? (tamaño, lista de personas por interrogar).

3. Determinar los medios

— ¿Cuáles son los criterios de selección de los medios que se han de emplear? (la observación, el análisis de documentos, la entrevista grupal, la entrevista con cuestionario o sin él, el cuestionario).

— ¿Cuáles son las disponibilidades en:

• dinero
• personal
• fuentes documentales
• recursos materiales diversos (procedimientos de impresión, vehículos para los encuestadores, etcétera).

4. Preparar la implementación

— ¿Quién pondrá en marcha los medios seleccionados (por ejemplo, el cuestionario)?

— ¿Quién se ocupará de la selección de la información? ¿Con qué metodología?
— ¿Quién se hará cargo del análisis de los datos? ¿Con qué criterios?
— ¿Quién se ocupará de los resultados (elaboración de las conclusiones y recomendaciones de acción?) ¿Para qué interlocutores?

A continuación, trabajamos sobre la base de un cuestionario, ya que es el medio más económico desde el punto de vista de los costos de aplicación y de procesamiento. En general, las preguntas formuladas son válidas para otros medios de recolección de información, con los ajustes propios de las características del medio seleccionado.

5. Redactar el cuestionario

— Los temas sobre los cuales se formularán las preguntas (por ejemplo: la preparación del curso, el programa, las aplicaciones en el trabajo).
— Tipos de preguntas que se van a utilizar para cada tema (abierta/cerrada; sobre hechos/sobre opiniones/sobre explicaciones/sobre recomendaciones; pertinentes, etcétera)
— El orden de la secuencia de las preguntas:
  • preguntas de identificación al final
  • comenzar por preguntas fáciles
  • intercalar preguntas fáciles y difíciles
  • cuidar las transiciones
  • dotar al cuestionario de un desarrollo lógico y coherente
— Prever textos introductorios y de articulación
— Prestar atención a las redundancias
— Cuidar la presentación material y tipográfica
— Probar el cuestionario:

- prueba de comprensión semántica
- orden de las preguntas
- forma de las preguntas
- extensión del cuestionario
— Redacción definitiva
— Capacitación de los encuestadores

6. Ejecución material de la encuesta

— Supervisión de los encuestadores
— Codificación de los cuestionarios
— Análisis de los cuestionarios

7. Analizar los resultados

— Con respecto a las preocupaciones que dieron lugar a la evaluación
— Con respecto a los objetivos de la evaluación acerca de los cuales hay acuerdo entre todos los protagonistas.
— Con respecto a los objetivos de cada protagonista.

8. Redactar el informe

— ¿Quiénes serán los lectores del informe y cuáles son los aspectos que les interesan?
— ¿Qué utilización se le dará al informe? (reuniones con los interesados, etcétera).
— Las partes del informe:
  - índice de temas
  - recomendaciones para la acción (¡qué hacer!)
  - presentación de la evaluación (objetivos, muestra, tipo de cuestionario)

- presentación de los resultados (los puntos esenciales extraídos durante el análisis)
- conclusiones (resultados fundamentales)
- anexos (documentos, profundización de un aspecto)

Observaciones

— El principal interés de una evaluación reside en las recomendaciones para la acción.

— El testimonio no constituye una evaluación. Esta requiere el análisis del testimonio para extraer conclusiones, además, la elaboración de propuestas de acción.

— Es preferible un instrumento simple (por ejemplo, un pequeño cuestionario) pero bien aprovechado, a un instrumento complejo cuyo aprovechamiento no pueda garantizarse.

— Es conveniente observar los resultados esperados y explorar los efectos no previstos.

— El abordaje cuantitativo y el cualitativo son complemantarios.

— Consultar con los protagonistas acerca de las recomendaciones, antes de redactar el informe final, a fin de mejorarlas y así lograr que sean más aceptables para quienes deberán aplicarlas o sufrir sus consecuencias.

¿Cuándo utilizarla?

— El enfoque global debe utilizarse como una lista de control en el momento en que es elaborado y descripto el mecanismo de evaluación.

— La amplitud de la operación que se va a evaluar y los réditos estratégicos sirven para decidir hasta qué nivel de detalle podrá aplicarse esta metodología.

¿Cuáles son las limitaciones de esta herramienta?

— El grado de percepción de la situación desde el punto de vista estratégico en el cual interviene la evaluación.
— El rol asignado a la evaluación por parte de quien financia la operación.

FICHA–HERRAMIENTA

POSICIONEMOS LOS RESULTADOS Y LOS EFECTOS

¿Para el logro de qué metas?

— Poner en evidencia el desvío de los resultados esperados con respecto a la realidad.
— Interrogarse acerca de las razones de los desvíos.·
— Identificar los efectos.
— Interpretar su aporte a los objetivos de la actividad.

¿Cómo hacerlo?

1. Elaborar un cuadro para registrar los resultados:

Resultados esperados	Resultados obtenidos	Causas de los desvíos	Acciones por encarar

— ¿Cuáles son las consecuencias que se deben extraer de las causas de los desvíos observados?
— ¿Qué forma deben adoptar las acciones de mejora?
— ¿A qué deben apuntar?
— ¿A qué debe estar asociado a su implementación?

2. Elaborar un cuadro de los efectos observados

Efectos observados	¿Para qué protagonista?	Razones explicativas

— ¿Qué enseñanzas pueden extraerse de los efectos observados?
— ¿Qué aportan a las metas y a los objetivos de la actividad?
— ¿Qué se hará a continuación con respecto:
  • a la organización?
  • a la capacitación?
  • a la información?
  • a otras cuestiones? ¿cuáles?

3. Síntesis prospectiva para la empresa

A partir del análisis de los resultados y de los efectos, ¿cuáles son las recomendaciones del consultor con respecto a la capacitación?

Y ¿cuáles son las recomendaciones con respecto a la organización y al sistema de información?

¿Cuándo utilizarla?

— En el momento de la elaboración de las recomendaciones para la acción.

¿Cuáles son las limitaciones de esta herramienta?

— El grado de validación de las causas de los desvíos entre lo esperado y lo real y las razones explicativas de los efectos anticipadas por el consultor.

6.3. Facilitar el diálogo entre los protagonistas

En esta fase, la posibilidad de diálogo entre los protagonistas es una consecuencia de las relaciones establecidas durante la etapa de análisis de la primera demanda, para obtener un consenso acerca del problema por resolver y los medios más eficaces para lograrlo.

Como consecuencia de los intercambios entre las diferentes contrapartes durante la elaboración el proyecto, la capacitación —en cuanto herramienta de perfeccionamiento y de dirección que responde a la evolución de la empresa— amplía su perspectiva. Puede trascender el *status* de situación excepcional, enmarcada bajo la forma de cursos en aula, para transformarse en un medio utilizable bajo otras formas (tutorías, autoinstrucción, etcétera) y de acuerdo con las necesidades individuales y colectivas.

Es conveniente cuidar el mecanismo y los instrumentos para obtener la reflexión de los participantes —pasar del juicio al análisis— y establecer el diálogo entre los diferentes protagonistas, a fin de facilitar la recepción de las propuestas y garantizar su eficacia en el terreno, apuntando al mejoramiento de una situación considerada como no satisfactoria.

Las tareas del jefe de proyecto son las siguientes:

— Recoger información para evaluar los resultados y los efectos del proyecto implementado:
  • proponer ajustes sobre la marcha
  • hacer circular la información entre los protagonistas y recoger sus opiniones y propuestas.
— Detectar y elaborar ideas para nuevos proyectos.
— Comunicar a los protagonistas involucrados las observaciones que sobre el funcionamiento de la organización han posibilitado la implementación del proyecto de capacitación y la evaluación.

Por su lado, el diseñador debe:

— Verificar las hipótesis de trabajo que condujeron a proponer tanto el enfoque como los mecanismos y los medios de acción; extraer conclusiones y tomar decisiones de acción, inmediata y futura.
— Proponer mejoras sobre la marcha.

FICHAS–METODOS

CONFRONTAR LAS PERSPECTIVAS DE LOS PROTAGONISTAS

Advertencia: Lo que presentamos no deberá considerarse como modelo, es decir, como única respuesta posible, sino como un proyecto de evaluación elaborado en respuesta a una demanda.

Un organismo de la administración pública, que cuenta con centros regionales de capacitación para su personal y de un catálogo de dos mil módulos, solicita a los responsables regionales la elaboración de indicadores que permitan el seguimiento de la calidad de la enseñanza impartida en los diferentes centros.

La hipótesis de trabajo era que los beneficiarios de la evaluación aumentan en la medida en que en su proceso intervienen los protagonistas de la capacitación. Sobre esta base, el consultor propuso la implementación de un enfoque progresivo a fin de validar los instrumentos y habituar a los protagonistas a un comportamiento analítico y reflexivo acerca de la capacitación.

El mecanismo

— Seleccionar una muestra de módulos de capacitación para someterlos a esta metodología.
— Consultar a las diferentes partes intervinientes: participantes, jefe directo, centro regional, responsable de capacitación de la unidad, instructores.
— Analizar cada módulo a partir de un informe que incluya: la historia, las metas y los objetivos pedagógicos, el programa, los métodos, las modalidades de enseñanza, los efectos observados, las evaluaciones.
— Involucrar a las jefaturas para valorar las recomendaciones de los diferentes protagonistas.

Sobre esta base se propondrán los indicadores de calidad de la enseñanza en los centros regionales.

FICHA 1

LOS TEMAS CONSULTADOS

1 De acuerdo con la definición de la AFNOR,* la calidad es "la aptitud de un producto o de un servicio para satisfacer las necesidades manifiestas o potenciales de los usuarios".

2 En todos los casos, la calidad de un producto o de un servicio es una resultante de la aplicación de normas previamente definidas, a los subconjuntos que concurren en la elaboración del producto o del servicio.

3 Para medir la calidad de la enseñanza impartida en los centros no basta con analizar el proceso de transmisión de conocimientos que le es propia. Su calidad depende de los módulos que debe transmitir, de la aplicación que se hará de los conocimientos adquiridos, así como también del origen de la demanda de capacitación. Para avanzar en el análisis, es posible identificar cuatro momentos o etapas:
- el origen de la demanda de capacitación
- el módulo, en cuanto contenidos para transmitir
- la transmisión como situación de enseñanza
- la aplicación como verificación en el terreno

a El origen de la demanda es la base del proceso, en la medida en que su elucidación permite ubicar las preocupaciones colectivas e individuales que suscitan una actividad de capacitación. El cuidado puesto en la clarificación, entre el participante y su jefe inmediato, acerca de los objetivos de la capacitación y de las recíprocas expectativas, posibilita los fundamentos necesarios para la acción y prepara la integración de los resultados.

* AFNOR: Associatiion Française de Normalisation.

b El mensaje transmitido por la capacitación se manifiesta, en primer lugar, en la concepción de cada módulo, en su contenido, su programa, los documentos y materiales utilizados durante la enseñanza. En la medida en que el módulo propuesto en el catálogo responda a las necesidades inmediatas del personal operativo y a las necesidades del organismo, a largo plazo será considerado como adecuado o conveniente.

c La enseñanza en los centros regionales es en lo inmediato, la resultante del enfoque pedagógico, de los métodos de enseñanza empleados, de las habilidades técnicas y pedagógicas del instructor, de las motivaciones y conocimientos previos de los participantes, de las condiciones materiales de vida. La medida de la calidad tiene como indicador global el aprendizaje de los participantes. El control de los diferentes componentes permite elaborar indicadores parciales.

d La aplicación de lo adquirido al terreno depende de la opinión de los participantes acerca de la utilidad de lo que aprendieron, de la actitud de la conducción y del jefe inmediato con respecto a la capacitación, de la preparación del curso y de las condiciones propias del lugar de trabajo. El hecho de haber aplicado los conocimientos y el saber–hacer adquiridos, por un lado, y los resultados obtenidos en el desempeño por otro, constituyen los principales indicadores.

4 Se descuenta que la capacitación debe proveer en lo inmediato los conocimientos necesarios para el cumplimiento de las tareas propias de la función en cuestión. Y además, proveerá bases para el desarrollo del personal a mediano y largo plazo. El equilibrio entre estas dos metas no resulta fácil de lograr, y varía según el interlocutor jerárquico y según el personal privilegien el corto plazo o el largo. Los jefes inmediatos tenderán a privilegiar el corto plazo y la fiel ejecución de las tareas, según las reglas establecidas. Los niveles superiores —que tienen la responsabilidad de encarar el futuro— preferirán abordajes de más largo aliento. Estos tironeos entre el corto plazo y el mediano se manifiestan, en primer lugar, en la selección de los módulos, es decir, entre aquellos cuya utilidad parece inmediata y aquellos cuyo alcance es más amplio. Esta contradicción también puede manifestarse en el plano pedagógico entre un abordaje receta, que trasmite fundamentalmente cómo hacer, y un abordaje método, que tiende a proveer herramientas para el trabajo autónomo. Estos dos abordajes no son contradictorios: ambos forman parte del trabajo habitual, ya que se necesitan recetas para enfrentar lo cotidiano y al mismo tiempo, la capacidad de analizar situaciones y encontrar nuevas soluciones, también es necesaria para posibilitar el progreso de la actividad. Volviendo a la medida de la calidad de la enseñanza, es necesario, pues, tener en cuenta la multiplicidad de protagonistas y la variedad de sus expectativas con respecto a las metas de la capacitación.

5. En el recuento de las opiniones acerca de la calidad de los cuatro aspectos indentificados —preparación, modulo, trasmisión y aplicación— es posible encontrar apreciaciones bastante diferentes.

   a La conducción y los jefes inmediatos, sin duda, se referirán al origen de la demanda y a la preparación; a la calidad del módulo desde el punto de vista de su utilidad, de su adaptación a sus necesidades, así como a las consecuencias de la capacitación y a los cambios observados en el terreno. En cuanto a clientes, se expresan sobre el producto módulo; en cuanto usuarios, están en condiciones de percibir los cambios que ocurren en el trabajo.

b Los participantes opinan acerca de los cuatro momentos identificados. En primer lugar, sobre la preparación; luego, sobre el módulo, como respuesta a sus necesidades cotidianas; después, sobre las cuestiones de trasmisión, ya que se descuenta que deben permitir la adquisición de los conocimientos ofrecidos, y finalmente, sobre la aplicación de lo aprendido, en función de su utilización.

c El instructor, en cuanto técnico y pedagogo, hará una apreciación sobre la concepción del módulo, en primer lugar, desde el punto de vista de los contenidos: ¿El tema está tratado correctamente? ¿Es riguroso con respecto a los fundamentos de las técnicas involucradas? Luego, desde el punto de vista del instructor: ¿Se adapta al nivel de los participantes? ¿En qué medida trata los problemas a los que se enfrentan los participantes? En cuanto responsable de la transmisión, es obvio que opinará sobre la modalidad pedagógica, los métodos de enseñanza y de evaluación, sobre las habilidades que necesita el instructor, sobre la motivación de los participantes para aprender y sobre el nivel de sus conocimientos previos. Sería interesante saber qué información posee sobre el origen y la preparación del curso y sobre la aplicación de lo aprendido por parte de los participantes.

d El responsable de la capacitación desempeña el rol de nexo entre su unidad y el centro. Asume el rol de asesor ante el personal operativo y, paulatinamente, el rol de comprador frente a los centros regionales. Su opinión sobre el módulo y sobre la aplicación resulta de interés como cliente.

e Los centros regionales, en cuanto estructura, deben administrar un catálogo de módulos en relación a usuarios–clientes. Por lo tanto, poseen una opinión sobre el módulo como producto sometido a restricciones que provienen de su concepción (respecto de las normas establecidas por los diseñadores, gestión administrativa e institucional). A ellos les corresponde administrar, simultáneamente, los problemas ligados a la realización: condiciones materiales, gestión de los instructores, modalidad pedagógica y de evaluación, etcétera. (Ver cuadro de recapitulación 6.1.)

Cuadro de recapitulación 6.1.

Cuadro de recapitulación de los temas acerca de los cuales opinan los protagonistas

	Preparación	Módulo	Transmisión	Aplicación
Jefe inmediato (conducción)	X	X	?	X
Participante	X	X	X	X
Responsable de capacitación	?	X	?	X
Instructor	?	X	X	?
Centro regional	—	X	X	?

FICHA 2

LA DEFINICION DEL CAMPO

1. La elección de los criterios para la selección de los módulos:
   — Lista propuesta: naturaleza de la capacitación, número de participantes, antigüedad, porcentaje de deserciones, duración, peso sobre la imagen de la empresa, origen (nacional, regional).
   — Completar esta lista.
   — Elegir los criterios más adecuados.

2. La selección de los módulos:
   — Obtención de propuestas.
   — Obtención de la muestra (3 a 5 módulos) en función de los criterios de selección adoptados.
   — Análisis de factibilidad (dificultades previsibles y posibles soluciones) para la selección definitiva.

3. La decisión sobre la puesta en marcha de la operación:
   — ¿Qué región se ocupa de qué módulo?
   — Cronograma de consultas.
   — Definición de la tarea del responsable encargado de la ejecución de la operación en el terreno: contactos con la conducción, determinación de las listas de personas que se van a consultar, organización de las consultas (invitación, aspectos logísticos, toma de notas y dactilografía, difusión de los informes a los participantes).

FICHA 3

OBTENCION DE INFORMACION

1. La meta: Lograr una expresión colectiva de todos los protagonistas sobre los puntos fuertes y los puntos débiles del módulo, y sobre las propuestas para mejorarlo.

2. La técnica: Consulta de los protagonistas por grupos homogéneos, invitados a opinar sobre el módulo en cuestión. Quienes intervienen en esta consulta son los diferentes protagonistas de la capacitación: los participantes, los instructores, la conducción (clientes y usuarios), los responsables de la capacitación, los responsables de los centros.

3. La modalidad (para cada uno de los módulos):
   — La duración estimada de las reuniones por grupo de protagonistas va entre media y una jornada.
   — La animación estará garantizada por el consultor y los responsables designados por los centros.
   — La preparación se hará a través de una carta invitación y por contactos personales.
   — La reunión del grupo se abrirá con la presentación de los objetivos y el enfoque de la operación. En este sentido, una serie de preguntas propuestas por el animador facilitará la apertura del debate.
   — Las notas del debate se tomarán, sin registrar los nombres de los que intervienen, y el informe se distribuirá a cada participante.

4. La muestra de personas consultadas
   — Número: diez personas por cada uno de los grupos de protagonistas.

— Criterios de selección:
- participantes: que hayan seguido el módulo en cuestión en los seis a doce meses precedentes y, en la medida de lo posible, provenientes de diferentes centros
- instructores: que hayan animado el módulo en los dos últimos años. Si no hay suficientes instructores que lo hayan hecho en una región como para constituir un grupo, éste se formará con instructores de varias regiones
- responsables de capacitación: dentro de lo posible, de la misma región
- conducción: diferenciar entre clientes (quiénes deciden, los que financian) y usuarios (jefes directos). En el caso de los jefes directos, invitar a aquellos cuyos subordinados han participado del módulo durante los seis a doce meses precedentes. Los clientes marcan un tratamiento especial acorde con el rol estratégico de su función
- responsable de los centros: ¿en qué nivel jerárquico ubicar a los invitados?

5. El desarrollo de las operaciones a cargo del animador de la consulta sobre cada módulo:
   — Conocimiento del informe elaborado sobre el módulo y preparación de las preguntas para los cinco grupos de protagonistas.
   — Organización de la consulta:
   - determinar la lista de participantes (10 x 5 grupos)
   - fijar las fechas y los lugares de las reuniones (5 reuniones)
   - redactar la carta invitación
   - contactos personales (telefónicos y otros)
   - verificar los aspectos logísticos (toma de nota, aula, refrigerios, etcétera)

— Ejecución de la consulta
  • animación de cuatro reuniones de media jornada y de una reunión de una jornada
— Redacción del informe sobre la base del acta de la reunión y de las notas del animador
  • garantizar el tipiado y la reproducción
  • distribución a los participantes
— Síntesis por módulo
  • sobre la base de los cinco informes de las reuniones por grupo de protagonistas, elaborar una síntesis global de las recomendaciones de los participantes para mejorar la calidad del módulo analizado
  • garantizar el tipiado y la reproducción así como la distribución a quienes corresponda

6.4. Obtener beneficios de la información recogida

Una actividad de capacitación permite obtener —durante la marcha— una visión de conjunto sobre la empresa, en especial de las relaciones entre servicios y protagonistas, y sobre la circulación de la información. Sin dejar de respetar la obligación de reserva con respecto a lo manifestado por los individuos, las observaciones realizadas durante las intervenciones y los contactos pueden ser tomadas como información sobre el funcionamiento de la empresa. Su síntesis resulta útil a los responsables para que los cambios deseados arriben a buen término.

Además, llegar a conclusiones acerca de la eficacia de la actividad y sobre sus efectos no es suficiente. Es necesario que las recomendaciones surgidas de las conclusiones sean aceptadas por los interesados, para que la evaluación pueda cumplir su verdadera función de instrumento de ajuste y de cambio, y abra el camino a nuevas propuestas de acción.

La secuencia es la siguiente:

—   Inventario de los resultados obtenidos y de los efectos observados como consecuencia de la implementación del proyecto de capacitación.
—   Ideas para mejorar la planificación de la capacitación, la metodología, la organización, etcétera.
—   Observaciones
   • con respecto a la capacitación
   • con respecto a la organización

FICHA–HERRAMIENTA

DETECTEMOS LA INFORMACION
ADECUADA PARA LA EMPRESA

¿Para el logro de qué metas?

1. Identificar los aspectos que resultan de interés para los diferentes protagonistas.
    — Clasificar la información dispersa.
    — Identificar los aspectos que deben ser mejorados.
    — Compartir con los responsables operativos las observaciones realizadas en relación con la situación de capacitación, para enriquecer su imagen de la empresa.

¿Cómo hacerlo?

1. Identificar los aspectos que resultan de interés para los diferentes protagonistas.

Por ejemplo:

- para el responsable de la capacitación:
    - Con relación al servicio de capacitación: imagen del servicio, expectativas de los participantes y de las jefaturas.
    - Con relación a la acitivad de capacitación: la adecuación del programa, duración, métodos, documentación, animación, condiciones materiales.
- para el responsable operativo: funcionamiento de la organización, relaciones jerárquicas, posibilidades de aplicación de lo aprendido
- para la dirección general: efectos del estilo de conducción, circulación de la información

2. Detectar las posibles fuentes de información: notas personales de reuniones; evaluación parcial y final de las actividades; sugerencias de los observadores, de los participantes y de los responsables jerárquicos; informes y otros documentos.

3. Confeccionar un cuadro de doble entrada de acuerdo con el modelo presentado (6.2.).

Cuadro 6.2.

Aspectos \ Protagonistas	Participantes	Jefaturas	Instructores
Organización de la información Dirección (Gerencia)			
Imagen del servicio de capacitación Expectativas			
Programa de la actividad Posibilidades de aplicación Condiciones materiales			

4. Registrar en cada casillero la información pertinente o la fuente, en el caso en que el texto resulte demasiado extenso.

5. A partir de esta información, ¿qué observaciones, sugerencias de búsqueda y recomendaciones de acción puede usted comunicar a los protagonistas involucrados?

6. ¿De qué modo se comunicará con ellos?

¿Cuáles son las limitaciones de esta herramienta?

— El respeto de las normas deontológicas de reserva.
— Se trata de una evaluación de la empresa desde el punto de vista de la situación de capacitación, no es, pues, un diagnóstico.

A MANERA DE EPÍLOGO

Las reflexiones que siguen son, de alguna manera, el hasta pronto del autor al profesional que se interesó en seguir paso a paso la propuesta de aplicar la noción de ingeniería a actividades no reproductibles, como la capacitación.

El análisis de la demanda de las organizaciones y empresas muestra que de más en más, se está pasando de la expresión "Hágame tres días de relaciones humanas" a pedidos del tipo "Tengo un problema de relaciones entre los operarios y la supervisión en el depósito, qué se podría hacer...?". Estas formulaciones indican el paso de una demanda que podemos llamar "producto" a una demanda "resolución de un problema".

En el primer caso la respuesta es fácil, basta recurrir al archivo o a la memoria para encontrar el manual del curso correspondiente. Responder al segundo obliga a un estudio de la situación, a lograr un diagnóstico en función de los actores y de sus expectativas y objetivos para poder elaborar un mecanismo cuya acción ofrezca una respuesta al problema planteado. Es necesario además contextualizar el proyecto de capacitación profesional, es decir situar el dispositivo pedagógico propuesto en la circunstancia concreta de la empresa o de la organización para identificar a los actores y crear las condiciones necesarias para el éxito de la acción.

Los profesionales de la capacitación deberán situarse en el porvenir cercano con respecto a esta nueva demanda, riesgo y chance al mismo tiempo pues obliga a afinar el pensamiento y a enraizar la capacitación en su contexto.

Inscribimos este manual en el marco de la hipótesis de la Educación Informal en tanto considera que se aprende no solo en situaciones diseñadas a tal efecto, sino también en circunstancias de ruptura de la rutina del trabajo o de la vida cotidiana que se constituyen en "acontecimiento" implicando un desafío al adulto. La búsqueda de la respuesta da un lugar preeminente al adulto que de ese modo se convierte en interesado directo del aprender y puede utilizar recursos pedagógicos que van más allá del curso en sala. Deja de ser objeto de la capacitación, receptor de proposiciones para devenir elemento activo que interroga y solicita hasta llegar a hacerse cargo de su capacitación integrando todas sus experiencias.

Sostenemos que los aportes hechos a partir de la observación de los aprendizajes informales y de los procesos propios de la educación no formal especialmente en la capacitación profesional aumentarán su eficacia y su valor heurístico, cuando se logre una auténtica colaboración entre las tres modalidades actualmente existentes en el campo de la acción educativa: educación formal, no formal e informal.

La noción "ingeniería de la formación" reúne una práctica tradicionalmente aplicada a materiales "duros" con situaciones "blandas" como la capacitación. Es un tipo de metodología que los profesionales de la capacitación comienzan a aplicar para aumentar el rigor de sus métodos y técnicas de trabajo. Ayuda a responder a las nuevas demandas en la medida en que considera que cada acción de capacitación cualquiera sea su dimensión necesita de un análisis de la situación, de los actores y del entorno de la organización, antes de proponer una respuesta.

Ella permite la superación del enfoque micropedagógico, es decir la respuesta pedagógica centrada en el grupo, en el panorama, que se manifiesta principalmente en el aula, bajo la forma de un curso. Esta respuesta es necesaria puesto que manifiesta la implementación de la acción. El riesgo está en limitarse a ella y sólo a ella, porque una acción educativa en una organización o empresa interviene siempre en un momento preciso de su vida, de sus relaciones con el entorno, en el marco de proyectos en los que los distintos actores se ubican en función de sus objetivos y expectativas. Estos elementos no son analizados por los pedagogos habitualmente, pero son importantes en la etapa de elaboración del proyecto de capacitación y decisivos en el momento de analizar su factibilidad en el terreno.

La micropedagogía centrada en la acción de enseñanza puede devenir una macropedagogía en la medida en que integra aspectos que aseguran la receptabilidad del contexto a la propuesta educativa.

www.ingramcontent.com/pod-product-compliance
Lightning Source LLC
Chambersburg PA
CBHW060554200326
41521CB00007B/566